A Beginner's Guide to

Numerology

生命靈數
新手指南

從生日數字發覺天賦才華
×
充分利用機遇
×
解讀人際關係

Joy Woodward

喬伊·伍德沃德————著　張笑晨————譯

致我親愛的丈夫：

我們的冒險旅程還將繼續……
親親抱抱

目錄

4 ✧ 個人生命週期：
充分利用每一天，每一月，每一年 ——— 088

5 ✧ 揭祕靈數圖表和箭頭 ——————— 116

簡介

　　如果我告訴你有種工具能夠幫你理解你的家人、朋友和同事的動機，並且能讓你所有的人際關係都更加良好，你會覺得怎樣呢？同樣這個工具也能夠引導你來利用你的直覺，並讓你在做任何決定和人生選擇時都更有自信。

　　嗯，這樣的工具是存在的。它叫作生命靈數。

　　我們可以選擇用自己的方式度過這一生，不管有覺知還是無意識，無論覺醒或沉睡。而生命靈數能夠作為你靈性覺醒的一部分，幫助你連接高我，找到人生真諦。

　　十多年前，當我第一次解讀了自己的生命靈數的時候，我就發現了它的力量。它好像為我的性格和動機提供了解碼器。我終於理解並確認了我為何如此敏感，為何總覺得要對所有人負責，我之前與各位老師和老闆發生過的衝突也有了解釋。解讀之後，我立即買了我的第一本生命靈數書。

　　自那天起，生命靈數系統完全改變了我的生活。它使我每天都能

夠更自信地選擇日期、職衛、工作和人際關係。我甚至從大公司的長期職位辭職了。這一切是蠻可怕的，但宇宙自有安排。

最開始生命靈數只是派對上的小把戲，但它最終形成了一門新的生意。我曾經主動給朋友和身邊的人解讀過生命靈數，而他們開始向我要求進一步的解讀了，還介紹來了他們的朋友和家人。新的客戶也開始出現。終於，我意識到發生了什麼：我成爲了一名生命靈數專家。儘管這與我設想的職業生涯相去甚遠，但我還是欣然接受了它。

爲了磨練我的技術，我考取了一系列證書，參加了各種研討會，並且深度閱讀這一領域內我能找到的所有書籍。自此，我的生命靈數事業，「研究生命靈數的 JOY」誕生了。過去十年中我爲來自世界各地的人做過上千次靈數解讀。每一次解讀都對我有更多啟發，並加深了我的數字知識。在這本書中，我想把這些知識分享給你。

有些人聽到「生命靈數」就會想到複雜的數學。但是別擔心！這個系統只需要把數字簡單地加減至一位數，而且我將會教你如何做。

我們將從你出生證明上的日期和姓名開始。這些決定性因素裡藏著解碼你核心資料的祕密，其中包括你的靈魂、性格和命運數字，並且揭示了你的宿命。在這個過程中，你將會學到你的出生日期帶來的所有饋贈和意義。你出生日期的影響力十分神奇，它帶來啟示，而且能夠精準解讀一切！

生命靈數的基礎是了解你自己。從這點出發，下一步我將幫助你根據你的家人、朋友、伴侶以及同事的生命數字，對他們進行研

究——甚至幫助你為陌生人解讀生命數字（雖然你一旦知道了他們的生日，他們就不再算是真正的陌生人了！）。

很快你就會解鎖數字所蘊含的力量，這力量能讓你改善一切現有的人際關係——並且能在建立新的關係時，更能覺察出是否與對方合得來。我們還將深入探討你的流年、流月和流日的時間和週期，這將引導你做出決定並且幫助你規劃未來。學習生命靈數更像是學習一門第二語言。一旦你能流利運用，整個思考方法就會改變。

最後，我們不會對你耍太多花招（畢竟生命靈數是一門科學），我們將會探索其他的形而上的藝術，比如塔羅、占星學、水晶和月亮週期。所有這些都能夠共同作用，相得益彰，並且為你生命的魔法提供更深層的見解。

我編寫這本書是為了方便任何有興趣探索和學習生命靈數世界的人閱讀使用。如果你還是初學者，這本書包含了入門所需的一切知識。如果你已具有一些經驗（或是專業人士），我希望這本書能成為一本不錯的複習資料，並且為你提供一些新穎而有趣的見解。

這本書是生命靈數這一神祕且改變生活的工具的詳盡指南。你將學習解讀數字，繪製基本圖表，以及了解構成你人際關係、決策和日常生活的能量振頻。你準備好了嗎？

讓你的數字大冒險就此開始吧！

1

數字背後的故事

第一步就是了解什麼是生命靈數。這個數字科學起源何處？讓我們來瀏覽一下生命靈數的簡要歷史，包括它的神祕起源，入門學習所需要的工具，以及使用它來研究你自己和他人的選擇與動機的方法。

生命靈數是什麼？

生命靈數是對數字和數字模式之間神祕關係的研究。它著眼於生活中的數字（和字母）的意義。它是科學、神話和哲學的複雜結合體，並且是解碼宇宙、找到靈魂真諦的關鍵。

例如，你或者你身邊的人，看到不斷出現的數字模式的頻率是如何——比如 11:11、444，或者是某位家人的生日？這些反覆出現的數字中藏著來自宇宙的訊息。生命靈數將幫助你理解這些訊息，以便指引你的生活，使其發揮最大潛力。

同樣，日曆上的每個數字都具有特定的能量。這些數字揭示著振頻的主題。不論是每月的 1 號、15 號還是 22 號，根據你所處的個人生命週期具體情況，每個日期都蘊含著主題和模式。當你學習生命靈數時，你會開始發現日曆上的某些日期與你個人能量的協調比其他日期更好。

姓名同樣至關重要，你將會學習解讀你出生姓名中每個字母所代表的數值，並進一步地探索其他名字。

＊ 生命靈數的作用是什麼？

生命靈數能夠幫助你挖掘最大潛力。最終，它可以引導你更好地了解你自己和周圍其他人，運用直覺，做出更明智的選擇，在某些特定的年分和特定的日子使個人潛力最大化，了解與朋友和伴侶的相處之道，利用良辰吉日，並且決定何時該行動而何時該等待。生命靈數

會引領你發現自己的才華和天賦，理解你的生命週期，識別業力功課與業債，並積極接受改變。它能揭示你和別人的性格特點和潛在的生活障礙，以及該採取的最佳行動。

生命靈數也能幫助你回顧過去。當你反思生活中所出現的事件時，它們在你的靈數週期中展現的方式，會讓你對當時發生的事情和原因都更加明晰。

了解你在特定的年分、月分或日期注定要經歷的事情，能夠使你更容易在人生週期中找到正確方向。你將學會預測即將到來的挑戰並為其做好準備，並妥善利用精彩又有益的人生機遇。

※ **生命靈數在什麼樣的情況下不適用呢？**

生命靈數並不是水晶球。請記住它能夠預測的只是事情發生的潛力。其餘的都取決於你自己。生命靈數的預測依靠所涉及數字的振頻高低，並且它所帶來的獎賞與你付出的努力直接相關聯。它並不會助你贏得彩票。（雖然許多人根據他們的生日和對他們重要的日期選擇他們的「幸運數字」。）它也不可能預測你的死亡時間或日期。（雖然它能揭示可能出現的健康問題和潛在的辛苦人生階段。）

古老的起源

儘管「生命靈數」這個詞直到 20 世紀初才出現，但歷代以來人們對數字形而上學意義的信仰始終存在——它們通常被稱為「數字的科學」。

希臘哲學家畢達哥拉斯（以下會詳述）被譽為「生命靈數之父」。然而，貫穿古埃及、巴比倫、亞洲與印度歷史，還有許多與《聖經》相關的資料中，數字的重要性都有紀錄。自數字被發明以來，文化就在不斷賦予它們意義。這一情形延續至今。

✳ 畢達哥拉斯

在蘇格拉底、亞里斯多德和柏拉圖之前，希臘哲學家和神祕學家畢達哥拉斯就已經出現了。他的開創性思想為數學、占星學、天文學和物理學都奠定了基礎。這些思想包括數字的形而上學──一種不僅將數字視為數目和度量，還將其視為振動頻率的方法。他的教義表明，現實、音樂，還有自然，事實上都是數學性的。

我們對畢達哥拉斯的了解一半來源於傳說，一半來源於故事。關於畢達哥拉斯並沒有文字記載的歷史，他的一手資料僅透過口頭記錄相傳。他以發現了音樂音調的科學、和聲、音調、商高定理、對立學說，還有生命靈數而著稱。

✳ 畢達哥拉斯的生命靈數學

畢達哥拉斯提出了這樣一個概念：每個數字無論大小，都可以減至 1 到 9 以內的個位數，並且每個被減去的數字都有著非凡的宇宙振動。他將這一理論應用於人類生命週期中，結果竟驚人地準確。畢達哥拉斯生命靈數學是西方生命靈數實踐的主要形式。

生命靈數學的其他形式還包括迦勒底靈數──這是最古老的靈數

系統。它起源於巴比倫，理論系統基於數字 1 到 8。在這一系統中，9 被認爲是莊嚴聖潔的，要與其他數字的振動分開（只有求總和時例外）。

起源於希伯來神祕主義的卡巴拉生命靈數只研究姓名，它以希伯來字母系統的 22 種不同振頻爲基礎。有一種名爲「新卡拉靈數學」的流派改編使用了拉丁字母系統中的 26 個字母，還採用了畢達哥拉斯靈數圖表。這個系統不考慮出生日期，這可能也是爲什麼它從未在西方生命靈數學家中普及的原因，因爲出生日期是西方生命靈數系統的核心。

※ 二十一世紀的生命靈數

大西洋城的 Dow Balliett 夫人爲把現代生命靈數學引入西方世界做出了貢獻。她是二十世紀初期新時代運動的一員，爲靈性、思想啟蒙還有基於數字的性格分析做出了宣傳。她獨一無二的教義是以畢達哥拉斯的生命靈數理論爲基礎的。

Balliett 夫人對 Julia Seton 博士的影響很大，隨後 Seton 博士推廣了這一生命靈數系統，並且將它命名爲「生命靈數」這一現代名稱。西頓博士是一位國際新思想講師，她曾走訪各個國家不同大洲，教授關於姓名和數字的科學。她的女兒，Juno Jordan 博士，則繼承了她這一事業。

Jordan 博士的本職工作是一名牙醫，但她對形而上學和靈性有著濃厚的興趣。她放棄了牙醫的工作，並在二十世紀五十年代末期創立

了加州數字研究所。25 年來，她和她的同事都在測試數字理論和模式。他們的結論「數字不說謊」具有深刻的意義，即表明數字能夠準確無誤地揭示人的性格和經歷的事件。

這三位女性對現代生命靈數學有著深遠影響。她們定義和塑造了一門不斷發展進步的科學，並爲其增添了美麗。

數字的振動頻率

發明家、工程師和未來主義者 Nikola Tesla 說過：「如果你想找到宇宙的祕密，就請從能量、頻率和振動的角度來思考。」

理解振動就是理解數字正面和負面特徵的基礎。

畢達哥拉斯對振動的看法是，每個物體和每個人都帶有靈性力量——這是一種原始的、看不見的力量，所有人和物的動力和行爲都來自這種力量。這種靈性力量越高，他們的能量和體驗就越積極；靈性力量越低，其就越消極。你每天都在體驗這種振動。對人產生強烈的化學反應或是對情況感到非常厭惡——這些都是振動的體現。你大概已經聽說過「你的脈動吸引你的群落」。這裡的脈動也包含在我們的數字和語言中。

每個數字都有特定的振動，其中包括它們的特質和陰暗面。對數字 1 到 9 和大師數 11、22 和 33 的徹底理解，是一切生命靈數解讀的基礎。

數字的形狀和「流線」也體現了它們振動的訊息和意義。例如，3 是幸運數字，因為它就像兩邊的馬蹄鐵。6 有著滋養的能量，因為它就像是代表了家庭的孕婦腹部。9 非常睿智，它頂部的圓圈就像充滿智慧的腦袋一樣。

✳ 直覺

儘管提升直覺力是學習生命靈數這門古老科學的積極作用之一，但你不一定非要能夠通靈、運用直覺，或者是會預知未來才能使用生命靈數。生命靈數能夠鍛鍊你的直覺力，在這過程中練習得越多，你的直覺就越強。久而久之，你將會開始感受到數字的流線和振動，並且能夠從它們的形狀和象徵獲取訊息。你將會感受到直覺在引導你，你也會學著依靠直覺掌控生活。

當你開始使用生命靈數時，就需要把你的想像力、自我意識與你的直覺區分開。我們腦海中的聲音可能會太大，以至於蓋過了直覺的聲音。你越是能將自我意識排除在外，就越是能清楚地聽到生命靈數的訊息。

當你逐漸適應，開始感受到振動、能量和你自己的直覺的時候，生命靈數解讀就會變得十分準確，就像擁有了全新的超能力一樣！

關於直覺，最後我還要說的是：請記住，一定要負責任地使用它。

知道了某件事，不代表著你就一定要把它說出口。這時要運用你的同情心和敏感性：如果這話並不好聽，或者越界了，就把它藏在心裡吧。

一門包容的科學

生命靈數對每個人都適用：我們每個人都有能夠拿來分析和解讀的姓名和生日，裡面藏著我們生活的各個層面。我們也都會在生活中觀察數字的模式。生命靈數的好處就是，不論你的年齡、住處、種族、民族、性別表達、能力或性取向如何，你都可以進行探索。它具有普適性，正等著你來發揮它的強大能量！

你所需要的只有求知的渴望、對數字的認識，你本人的直覺和適當的好奇心而已。

✳ 家人和朋友

生命靈數最令人興奮的一個方面是可以透過它更加了解你的朋友和家人。為他們解讀生命靈數並且理解數字與你身邊人的連結，將會幫你更好地了解他們的性格、選擇和行為。有了這些珍貴資訊的助力，你與認識的人的互動將會更加成功和滿意——並且可以讓你分析是否能和遇到的人相處融洽。

人際關係是我們最好的鏡子，它反映了我們的行為和模式。為家人和朋友解讀生命靈數，可能是提升個人意識、成長和療癒的最好機會之一。出於靈魂成長和進化的目的，你和你的家人選擇共同轉世。你們最重要的課題也將在共同相處中突顯出來。

預先告知：一旦你開始為他人解讀生命靈數，你很可能會發現對方既懷疑又興奮。有些人可能會在解讀之後感覺受到了冒犯，變得充

滿戒心，並堅持聲稱你是錯誤的。他們甚至可能試圖貶低生命靈數學這一整個領域。而另一些人將會拿著網路上約會對象的檔案來給你，請你幫忙預測兩人是否合適。務必確保只接受你認為合適的事情。生命靈數是一門科學，但同時它也是一項靈性實踐，並不是可以任人利用的工具。要時刻保護你的直覺能量！

生命靈數的工具

本書唯一需要的工具就是筆、紙，和願意分享出生日期和出生證明上姓名的人。

我發現手動製作生命靈數圖表是最好的方式（不用計算機），這樣我就可以感受數字的流線和形狀。這能夠幫助我接收直覺訊息。首先要動手練習，找到適合自己的風格和方式。

你也需要相信你與生俱來的道德觀念。在我生命靈數職業生涯剛剛開始的時候，我曾因為透露太多有關未得到他們同意的人的訊息而有過掙扎。我總是讓直覺來指引我哪些訊息應該傳達給別人——也就是指引我哪些是有意義的，而哪些不提為妙。讓你的直覺成為你的引路人、道德準則以及發揮同情心的工具吧。如果你能做到這些，你的生命靈數解讀將會令人難忘。

現在是時候迎接關於生命靈數的迷思、算法和魔力了。我們將從繪製你的個人圖表開始。你看世界的方式將由此改變。

2

藏在你生日中的祕密

你是作為靈魂來到這個世界的，並不攜帶你之前身分的記憶。在你的指導靈協助下，你簽署了一份合約，我們稱之為靈魂契約。這份契約經過精心協商，目的就是為你帶來你的本質所需要的課題和經驗，並幫助你在地球上獲得最大的成長和靈魂的進化。你所有重要的人際關係、人生經歷、人生大事和生活環境都是特別為你選擇的。這份契約包含了你詳細的降臨時間和你的出生日期，並且指示了能夠透過生命靈數來揭示的命運。

在這份契約的框架下，自由意志和個人選擇仍然能夠發揮作用——你既可以發揮自己的全部潛力，也可以敷衍了事，然後錯過你的使命。你有機會糾正過去的錯誤，並化解和自己有著前世未竟事務的那些人的業力關係。（你可以透過共同的業債和業力功課來識別業力關係，詳見 26 頁。）有些人能夠實現自己的靈魂真諦，有些人會走些彎路，而還有些人會在下一世再來嘗試一次。

在你的靈魂契約中能夠破譯的訊息有很多。我們將從你的生日能夠揭示的那些祕密開始。你的出生日期會顯示兩個主導數字：你的生日數字和生命歷程數。在以下各章節中，你可以在逐步學習你的靈數資料時把這些數字都記錄下來。這樣，讀到第三章，你就能擁有你核心資料的所有數字了。

讓我們開始吧！

你的生日數字

在解讀生命靈數時，我們相信是你的靈魂選擇了你出生的時分，並隨之帶來了你完成使命需要的天賦、工具和課題。生日數字的重要性並沒有被誇大。這個數字所帶來的訊息能夠告訴你，你是誰，你的天賦是什麼，以及靈魂更高的目標是什麼。伴隨你的生日數字而來的，還有你的天賦或是特殊才能，它們對你的人生有著巨大的影響。

✳ 計算生日數字

你的生日數字就是你出生日期那天的所有數字之和。這是生命靈

數最簡單的計算方法。如果你的生日是一個個位數的話（比如你出生在當月 2 號），那麼不用任何計算，生日數字就完成了。你的生日數字就是 2，不用再減少了。

如果你的生日是兩位數，像 12 這樣，只需將這兩個數字相加，直到得到一位數爲止。例如：

如果你的生日在 12 號，那就是 1＋2＝。你的生日數字就是 3。
如果你的生日是 20 號，則是 2＋0＝。你的生日數字就是 2。
如果你的生日是 28 號，那麼 2＋8＝，1＋0＝。你的生日數字就是 1。

把生日加減至一位數——我們稱之爲根數——就是畢達哥拉斯生命靈數的神奇之處。

如果你的生日是 11 號、22 號或 29 號（2＋9＝11）你就不需要將其減少至一位數了。這些是大師數，它們保持原樣已經十分強大了。

獲得生日數字後，請你將它在筆記本或紙上寫下來。我們將從這裡開始建立你的核心資料。

＊ 大師數

大師數既是一種福氣也是一種負擔。那些在大師數這天出生的人會得到更多的天賦和才能，但同時也會帶來更艱難的功課和更高的期望。與生日數字是 1 到 9 的人相比，他們需要克服的阻礙更大。

與所有的機會和潛質共同存在的，還有相同可能性的詭詐、二元性和純粹邪惡。從總統和獨裁者，到著名傳教士和公認大惡人，歷史上有太多這樣的實例。

從相容性的角度來看，同有大師數的兩人能夠在極深刻的振動層次上瞬間理解對方。

●‥ 業 債 ‥）

事實上，每個圖表都能夠顯示出業力，它們透過業債或者業力功課的形式來表現。業債來自我們前世做出的決定。四個業債數為13、14、16 和 19。業債在你靈數資料中的任何靈數上都能體現（包括生命歷程數字、生日數字、命運數、靈魂數還有人格數，下文會介紹更多！）。

❰ 你有業債嗎？

你可以透過減少數字位數之前的總數來看到業債。如果你的數字是 13（減少位數後成為 4），14（減少後成為 5），16（減少後為7），或者 19（減少後是 1），那麼你就有著業債。

這四個數字始終寫作分數，以表示減少數位至一位之前的總數。

13／4

14／5

16／7

19／1

如果這些數其中之一是你將靈數減至一位之前的總數，請始終將其寫成分數形式，以顯示你今生要還的業債。例如，如果你出生在當月的 16 日，你就會知道在你的生日數字中帶有 16/7 的業債。

2012 年 10 月 16 日，則是月分上的 10（1 + 0 = 1）+ 16 + 2012
1 + 16/7 + 5 = 13/4 的生命歷程數
於是這個人就帶有 16/7 和 13/4 的業債。

10 也是業力數字，但它不代表要償還的業債。它其實表明你的業障已經全數還清，你歷史清白可以從新開始你的人生了！

☾ 業債的意義

所有業債數字中的 1 都代表自我，意味著你在前世是自私的。第二個數字則表示了你在哪些方面自私。以下是簡短的分類講解：

13/4: 這個數字帶來的課題來自前世的懶惰。你將需要學習關於努力工作、遵守紀律，和克服拖延症的功課。只要向宇宙證明了你擁有完成你著手進行的事務的能力，宇宙就會停止對你的考驗，你的生活也就會隨之變得更加容易。你的付出和堅持將得到極大的回報。

14/5: 這業債來自你前世的過分放縱和過度享樂。這個數字代表了成癮傾向，所以避免使用成癮物質和上癮行為非常重要。你還可能從不同的角度，透過深愛一個嚴重成癮的人來學習這門功課。你的課題將是學會節制。

16/7： 這種業債源自於前世對於愛情的不負責任；它也意味著激情
犯罪。帶有這種業債的人通常難以與他們愛的人溝通，也難
以對對方誠實。他們往往城府極深，而這可能會對關係造成
破壞，並常常導致分離或離婚。這個數字的功課是克服嫉妒
心，並在交流的過程中學會坦率和誠實。

19/1： 這個數字只出現在前世極大濫用他們權力（比如腐敗的高層
軍官、皇室人員或政治人物）的老靈魂中。這樣的業債會為
與權威人士的相處帶來許多麻煩。這個權威人士一開始會是
你的父母，然後變成你的老師，最後則是你的老闆。簡而言
之，這使你無法和他人好好相處。如果你能夠學會為弱者辯
護，或者成為企業非法行為的舉報者，就能化解這一業。

　　如果你帶有業債，則可以向宇宙銀行履行義務。你將不斷地接受
考驗，一遍又一遍地發現自己處於相同的情況中，直到你吸取了教訓
並償還了業債為止。

生日數字的意義

　　理解生日數字的振動是了解他人能量最簡單的方式之一。這個數
字既能表現特殊才能，也能體現人生功課。根據相加後得到的原始數
字的不同，生日數字也會有些差異，這就意味著出生在當月 7 號的人
會與出生在 16 號或者 25 號的人的性格有些不同，儘管他們的經歷、
才能和喜好會有共同點。

☀ 生日數字 1

你非常獨立，好勝心強，並且是個天生的領導者。你享受引人注目的感覺，並且充滿獨到的想法。你十分積極主動，並且能夠鼓舞人心。你也可能會有些固執、自私、情緒化。你最大的課題就是學會設定界線、與人分享和團隊合作。

☀ 生日數字 2

你非常善良、有耐心、敏感，並且直覺很強，你與人合作比單獨做事效果更好。你具有團隊精神，體貼並善於幫助別人。你並不想過分引人注目。你的課題是學會為自己發聲。

☀ 生日數字 3

你友善而充滿活力，並且擁有無限的創造力。你善於社交，能為人帶來歡樂，是聚會的核心人物。你的課題是學會控制你的情緒，停止尋求片刻的滿足。

☀ 生日數字 4

你務實、可靠、勤奮、坦誠且公正。你做事井井有條而且行動即時。你喜歡制定計畫並且想要知道自己即將面對的事。你的課題就是學會釋放控制之心。13/4的業債也會幫助你克服拖延。

✳ 生日數字 5

冒險精神是你的特色，你對無聊深惡痛絕。生活必須時刻保持有趣，不然你就會離開現狀去尋找下一個目標。你足智多謀，對改變欣然接受，但可能時常衝動。你的課題是學會承擔責任。14/5 的業債也會讓你一遍又一遍地與成癮和過度放縱進行鬥爭，直到戰勝它們。

✳ 生日數字 6

你有責任心並重視家庭。你也喜愛動物。忠誠、完美主義和體貼周到都是你性格的一部分（雖然有時你會插手與自己無關的事）。你將透過直面背叛和學會少管閒事來完成你的功課。

✳ 生日數字 7

你對所有事情都會過度分析，想試圖找到你所做所有事的意義，並且你永遠都在學習和閱讀。你對陰謀論充滿興趣。既對別人的事充滿好奇，又非常注重隱私。你需要在別人看來過量的睡眠，並且有種近似多管閒事的好奇心。你的課題是學會無私地與他人共事。16/7 的業債也會讓你在以愛待人的過程中完成你的課題。

✳ 生日數字 8

成功對你來說十分重要，並且也容易達到。你喜愛一切豪車、標籤和名牌。你的課題是在靈性和物質之中尋找平衡點，學會耐心和忠誠。你不一定非要在艱難中學會成長。

✳ 生日數字9

你性格慷慨，有創造力，敏感，寬容，思想開明，並且總有獨到的方式來解決問題。你是位渴望能把世界變得更美好的慈善家。但要小心給人自以為無所不知或是居高臨下的印象。你的課題是學會原諒和放手。

✳ 大師數11（你的生日在11號或者29號）

直覺是你的一大天賦。你很善良，並擅於調解衝突。你能夠發現趨勢，突破界限。但你也可能善於操縱別人並且走向極端。你的課題是學會果斷，而且不要放棄你的夢想。

✳ 大師數22（你的生日在22號）

你是位具有開創性的大師級人物。歷史上許多宏大的偉業都是由這個生日數字的人創造的。你可能會成為完成某個重大里程碑的最年輕的人物或是史上第一人。你能夠跳出固有框架思考，而且有著先見之明。你的力量非常強大，但你總會有濫用這種力量的傾向。你的功課將和克服自我意識有關。

在把你的靈數減少位數到根數之前，你會在生日數字和核心資料的其他靈數中找到零的存在。零非常重要，因為它們有著把一切都增強的能力。想要理解零，也就是密碼，最簡單的方法就是想像它舉著一面鏡子跟在其他數字後面。它會放大和增強其他數字的特點，加強它們的能量。

例如，如果你在 20 號出生，那麼其中的 0 就會增強 2 的所有特點，不管是好的還是壞的。你的敏感性和討好別人的需求會變得很強。你可能還會對食物過敏或者有敏感性皮膚，你也可能會更難以為自己發聲。

你的生命歷程數

你的生命歷程數顯示了你今生將進入的特定人生軌道。生命歷程數是你核心資料中最重要的靈數，它揭示了你的天賦和能力、你的性格，還有能夠幫你實現使命的獨一無二機遇和重要的課題。它比其他靈數都更能夠體現你的本性。生命歷程數爲你人生道路上的機遇和挑戰提供了藍圖。

✳ 計算你的生命歷程數

　　生命靈數學家會使用幾種不同的方法來計算生命歷程數。有些方法更簡單一點，而有些方法會得到錯誤的大師數和業債數。爲了避免這些陷阱，讓一切都簡單易懂，我會首先把出生日期這天日、月、年中的數字都分別加起來。然後我再把三個個位數相加。

　　月分 ＋ 日期 ＋ 年分 ＝生命歷程數
　　在計算中，將月分所對應的數字以如下方式使用

一月 － 1
二月 － 2
三月 － 3
四月 － 4
五月 － 5
六月 － 6
七月 － 7
八月 － 8
九月 － 9
十月 － 10（減至一位為 1 ＋ 0 ＝ 1）
十一月 － 11（大師數）
十二月 － 12（減至一位為 1 ＋ 2 ＝ 3）

　　讓我們來看看範例生日 1973 年 10 月 31 日的計算方式。

　　月分：十月是日曆上的第 10 個月分（1 ＋ 0 ＝ 1），所以月分數字是 1

日期：31（3＋1＝4），所以生日數字是4

年分：1973（1＋9＋7＋3）＝20（2＋0）＝2，所以年分數字
是2

生命歷程數是月分數字＋日期數字＋年分數字，所以這個生日的
生命歷程數就是：

1＋4＋2＝7

讓我們再嘗試計算另一個設計大師數的範例：1972年11月29日

月分：十一月是日曆上的第11個月。11是大師數，所以我們不
用把它減少到個位。

於是月分數字是11。

日期：29（2＋9＝11）。11是一個大師數，所以我們不用再將
其減至個位。

於是生日數字是11

年分：1972（1＋9＋7＋2）＝19（1＋9）＝10（1＋0）＝
1，所以年分數字是1。

生命歷程數是月分＋日期＋年分。

11＋11＋1＝23（2＋3）＝5

計算出你的生命歷程數後，請將它寫在你的生日數字下方。

生命歷程數的意義

生命歷程數跟其他靈數相比，能夠顯示的關於這個人的資訊更多。

你的生命歷程數揭示了你在哪些領域能夠實現成功，找到力量，得到能量。更重要的是，它也能揭示你性格中的陰暗面和隱藏的驅動因素。一旦你理解了生命歷程數，它就能夠引領你發展出充實的職業生涯，從而充分利用你的天賦和能力，滋養你的人際關係並提升你的自我意識。這些解讀也能夠幫助你理解核心資料中的其他靈數。每個靈數的位置也會影響它們的含義。

✳ 1號人的能量和生命歷程

你是位天生的領導者，充滿獨到的想法，善於創造，有著自己的見解和目標。雖然你非常擅長做起頭工作，但你並不善於把事情堅持到底。繁瑣的細節會讓你失去興趣。

在人際關係中，保持自己的獨立性對你來說很重要，但是你又很喜歡被需要的感覺。你喜歡掌控全局——然而，你必須防止自己變得霸道自私。

你給人有能力又自信的印象；但是，消極的心理暗示讓你痛苦不堪。記得要對自己寬容一些，不然則有可能為自己向前進步實現目標造成阻礙。

努力培養自我意識非常重要，這樣你就能夠意識到你今生的功課是什麼，然後有意識地改善你的生活和人際關係。

在職業生涯方面，許多 1 號人會是企業家或老闆——他們不喜歡被人指揮做事。你有著極強的好勝心，這能夠幫助你向上攀升。許多成功的職業運動員和奧運選手都是 1 號人。如果這種爭強好勝的能量沒有排解出口的話，就會變得具有攻擊性和破壞性。你必須學會約束自己的脾氣。片刻滿足和即時結果能夠成為驅使你前進的動力，但也能夠讓你變得衝動和不體恤他人。

1 號人經常會有和消化系統有關的健康問題。他們還可能患有偏頭痛、癮頭，或者與壓力有關的疾病，比如肩疼和背疼。

1 由一條直線構成，這條直線也代表了 1 號人需要學會設定的邊界。它也展現了 1 號人的獨立性：一位力爭上游的獨立個體。

著名的 1 號人有 Justin Bieber、Tom Cruise、Lady Gaga、David Letterman、Jack Nicholson，還有 Tiger Woods。

✳ 2 號人的能量和生命歷程

善良、外交手腕還有合作精神都是 2 號人的突出特質，你是所有靈數中最有耐心的，並且非常敏感，洞察力強而且情感豐富。你的情緒能從淚流滿面隨時轉換成開懷大笑。除了敏感性，你還擁有強大的直覺天賦——你天生就能感知到他人的情緒。然而，你一定不能僅僅為了維持和平就犧牲自己的見解和感受或做出妥協，因為這樣做會滋生你心中的憤恨。

在親密關係中，你的耐心和讓步可能會吸引來固執的人，而不是成熟合適的伴侶。你不太會長時間單身，並且有可能持續不斷地約會，離開一段關係又進入下一段關係。你與人爲伴會比獨自生活要舒適得多。

你天生就是談判者和調解員。通常作爲「幕後操縱者」，你不一定能收到你應得的讚揚或認可。你可能會過分在意別人的想法。你能夠透過幫助別人在職業生涯上收穫成功——在調解、教育或者諮商等領域。2 號人也有非凡的品味，可以將其應用於設計工作或者藝術類。2 號人也能在政壇或法律領域，發揮他們的談判技能和聰明才智。

2 號人的敏感性還能擴展到各方面的過敏原，包括食物、皮膚還有美髮產品，灰塵、化學物質、藥品，以及許多其他過敏原。2 號人其他健康問題可能還包括嚴重的焦慮症、憂鬱症和胃病。

著名的 2 號人有 Kathy Bates、Angela Bassett、Tony Bennett、Mariah Carey、Jennifer Lopez 和 Vera Wang。

✳ 3 號人的能量和生命歷程

3 號人喜歡受到人們的關注！你是聚會的中心——受歡迎而且善於社交。3 的能量與擴張有關。（如果告訴 3 號人一個故事，他們在轉述時只會對這個故事添油加醋——充滿興奮，加上語調，並且肯定會誇大其辭。）你的樂觀和熱情具有感染力。你的創造性能量需要找到發揮的出口，不然它就會以情緒化的方式排解出來。

你的感情很容易受到傷害，特別是被言語所傷。但諷刺的是，你自己講話也常常刻薄，並且善於自我表達。實際上，你必須當心變得粗魯無禮、憤世嫉俗或者喜怒無常。一定要記得語言是能傷人的，所以講話要謹慎。你可能會對自己非常嚴格，並且常常自嘲。你會運用自己幽默的天賦來掩飾感情上受到的傷害和不安全感，但是這種防禦工具可能會比你以為的更顯而易見。

總而言之，你需要在人際關係中做出更多回應來維護關係。你要讓身邊的人感受到被欣賞。

3 號人的職業天賦能發揮在需要創造力的領域。你可能會在音樂家、演員、藝術家、舞者、作家和廚師這些職業領域表現突出。在你振動頻率較低的情況下，你可能會逃避責任、計畫不周，並且沉浸在受害者心態之中，對任何搶風頭的人都感到怨恨。當你頻率提升，積極向上的時候，你就能夠成為一種鼓舞人心的力量，能夠激勵大眾並為身邊的人帶來歡樂。

在健康方面，你擁有能夠快速增重和減肥的能力，有時甚至令人擔憂。大部分 3 號人天生就有著好看的外表和美麗的笑容。起伏波動的體重、心理狀態和喉嚨是你需要注意的健康問題。

數字 3 看起來像一雙朝向同一側的馬蹄鐵，也被認為是最幸運的數字。但永遠不要把好運視作理所應當！

著名的 3 號人有 Christina Aguilera、Alec Baldwin、David Bowie、成龍、Katie Couric、Cameron Diaz、Joan Rivers，還有 Reese Witherspoon。

✳ 4號人的能量和生命歷程

你是一位踏實的規劃師，總是按照指示來做事，並且對一切都有所準備。你非常可靠、專注且行動迅速。意外和變數是你的剋星。你渴望掌控結局，因此你需要學會管理和接受變化，並且要信任命運中無形的力量。你本質上是悲觀主義者，即使是風和日麗的一天，你也能夠指出遠處的烏雲並備好雨傘。

強烈的邊界感能夠保護你，但學會靈活做事和接受他人的幫助也很重要。你心中實際的一面不會常常允許你犒賞自己，揮霍一番或是體驗奢侈的生活。

儘管你非常自律，但拖延症也會對你造成困擾，尤其如果你的靈數是帶有業債的 14/3（見第 25 頁）。這樣的 4 號人可能完全不會遵守紀律，並且他們想要控制所有事和所有人。當你振動頻率低的時候，可能會變得精於算計並且善於操縱別人。所以一定要確保約束你的自負心態。

你天性友善，但往往不會和人太親近。為了與身邊的人發展更密切的關係，展示你的脆弱很重要。當別人看到了你的坦誠，就會知道你是可以信任的人。

4 號人常常能夠在教育、商業、醫療保健、行政、建築、政治和會計等領域獲得成功。這是屬於創建者的數字。堅實的基礎和穩定的存款能夠為你帶來安全和快樂。

數字 4 完全由直線組成，代表著 4 號人對維持生活秩序和效率的需求。但請記住要學會變通。

著名的 4 號人有 Kate Hudson、Will Smith、Chris Tucker、Bill Gates，還有 Usher。

✴ 5 號人的能量和生命歷程

做好準備！5 號人的人生是一場激動人心並難以預測的歷程。作為衝動並對任何事都感興趣的 5 號人，你享受冒險，熱愛自由和旅行。規則對你來說更像是建議，而你往往會隨心所欲地無視它們。無聊煩悶會導致你逃避現實，而逃避很快會變成自我毀滅。如果你的靈數是 14/5，你會與各種各樣的癮頭鬥爭，這些癮頭既包括你自己也包括你所愛之人的成癮。比起把錢花在物質事物上，你更喜歡把錢花在旅行和體驗上。你可能會常常讓家人擔憂。

在親密關係方面，你可能很難在一段關係中穩定下來，並且你會難以在關係上做出承諾。你喜愛感官享受，並且需要各種各樣不斷的刺激。你是能夠做出承諾並對人忠誠的，但這必須是在你心甘情願的情況下才行。你應該避免過早結婚，因為這可能會以失敗告終。

5 號人的天賦多種多樣，而且幾乎能夠在你感興趣的任何事上取得成功。你的觀念十分先進，並且總是首先接受新想法的那個人。你也能夠輕鬆適應任何情況，所以技術領域可能會成為一個不錯的職業選項。你天生就會講故事，並且善於激勵和鼓舞別人。憑藉你的吸引力和親和力，你可以賣出任何東西。這些特質能夠帶領你進入公關

——————— 生命靈數新手指南

和行銷行業、進入初創企業，或是成為髮型設計師。5 號人通常也會被穿制服的工作所吸引，比如保全、執法機構、飛行員或是空服員。還有許多 5 號人進入了餐旅業。而且總是有很多 5 號人成為自僱人士，這樣就沒有人能夠限制你的風格或者質疑你的假期了！你還具有天生的語言天賦。

振動頻率低的時候，你傾向於把不屬於自己的主意或作品歸功於自己。這可能會損害你的聲譽並引起人們對你的不滿。你的人生課題包括勤勉工作、堅持不懈，還有就是把榮譽給應得的人。

5 號人容易出現情緒問題、上癮、腎上腺疲勞和關節痛。記得請多喝水——5 號人常容易脫水。

數字 5 的形狀是在左右兩側都敞開的，並且頂部平坦，底部彎曲。這就提示了他們對不同種類的事物和不斷改變的需求。請記得要保持理智。

著名的 5 號人有 Ellen DeGeneres、Mick Jagger、Angelina Jolie、Willie Nelson、Sean Penn、Keith Richards 和 Tina Turner。

✳ 6 號人的能量和生命歷程

6 號人的振動頻率充滿了愛！6 號人迷人而富有魅力，性格具有吸引力，有能力吸引人們加入你從事的任何事業。你慷慨、友善，且有魅力，會受到許多人的欽佩和喜愛（然而這完全使你感到困惑）。你美麗的家歡迎流浪動物甚至流浪漢的到來。你不僅有同情心，也樂

於助人。但你也會走極端：6號人可能一半是魔鬼，一半是天使。

你富有同情心，也始終是優秀而忠誠的朋友。然而不幸的是，你的忠誠不會總是能得到回報。你的人生功課之一就是理解並經歷背叛的真正意義，有時甚至是大規模的背叛。你往往會吸引受過傷害的人，你也渴望被人需要——但是不要讓那些你幫助不了的人來消耗你。在人際關係中，你必須要學會平衡好幫助和干涉的界線。

6號人能夠取得成功的領域有教育業、餐旅業、心理學領域、管理、地產、政府部門，還有和動物有關的一切領域，或者像時裝行業、花藝行業、室內設計這樣的審美領域。你比任何人都更能夠理解生命的難得。然而強硬的觀點也可能給你惹來麻煩。如果你意識到自己常常有財務壓力，你就沒有在為你的人生目標而生活。6號人喜愛精美的事物，同時也非常機智。他們喜歡划算的交易，但因為他們喜歡囤貨，有時又會過了頭。

6號人有著強壯的體格和陰性氣質。6號人的健康問題通常出現在生殖系統還有心臟問題上。

數字6的形狀是一個懷孕的婦女。對於6來說，有件事是不會改變的：家庭的重要性。6號人作為父母會發現他們很難把自己長大了的孩子當作獨立的成年人，並且他們必須學會克制干涉孩子生活的衝動。

著名的6號人有 Victoria Beckham、Bill Maher、Michael Jackson、Stephen King、John Lennon、Richard Nixon、Rosie O' Donnell，還有 Bruce Willis。

✳ 7 號人的能量和生命歷程

你是聰明又神祕的人，是強大又沉默的人。你善於分析，並且更喜歡一個人研究，看待事情從不膚淺。如果某人藏了祕密，你（7 號人）一定會發現。

你生性多疑又好奇。你的天賦是極強的直覺；然而靈性事物和形而上學對你來說卻難以理解。作爲 7 號人，擁有靈性或宗教信仰對你來說很重要。沒有這些，你的生命會缺乏目標。任何帶有歷史或是起源的故事都會讓你感興趣。7 號人也喜歡收集資訊，通常會有一大堆沒有讀過的書。大自然和水對你的心靈有好處。

你的知識和資質會讓你擁有獨特的幽默感，也會爲你帶來愛慕者。然而，因爲你似乎總是在隱瞞祕密，親密關係對你來說會很難維持。所以請一定要坦率而誠實地與人溝通。（尤其如果你的靈數是16/7，這點會特別明顯。）在你振動頻率低的時候，你將會透過變成妒忌猜疑的愛人以及自尊心問題來學習你的人生課題。你會學到關於保持並尊重他人的邊界和尊重別人的隱私的課題，你也會體驗到自己的邊界被打破的感覺。

當振動頻率高的時候，你會擁有神祕的美感，迷人、聰明、有趣，而且吸引人。你喜歡讓身邊的人感到輕鬆，儘管有時心中會浮現對別人的評判。一個 7 號人的身邊如果沒有外向的 3 號人來平衡，就會變得避世和孤僻。

能讓 7 號人感到滿足的職業生涯包括研究員、歷史學家、博物館策展人、刑事分析員、靈性或宗教導師，還有律師。你享受獨自工作的感覺。7 號人作為「生活家」，在整個職業生涯中通常只會為少數幾家企業或機構而工作。

數字 7 的形狀像一個迴旋鏢，這就像是 7 號人在人際關係中、生活情況裡、假期中和職業生涯中展現出的狀態。你常常會發現自己兜兜轉轉還是回到了相同的人身邊，回到相同的工作裡，或者回到相同的地點。數字 7 的底部並沒有太多支撐。像這樣缺乏平衡可能會導致憂鬱症、成癮，還有失眠症。

著名的 7 號人有 Muhammad Ali、Christian Bale、Robert Blake、Mel Gibson、Kelsey Grammer、Al Pacino、Jerry Seinfeld、Danielle Steel，還有 James Woods。

☀ 8號人的能量和生命歷程

8 號人天生適合做老闆——如果你不是主管，你也會假裝自己掌管一切。你是有遠見的人，但你也有可能非常魯莽。請記住，權力和腐敗只有一線之差，所以你必須謹慎行事。你喜歡錢，並且可能會揮霍無度。如果出發點是錯的，那麼你做的與錢有關的任何決定都有可能事與願違。但是，如果你秉持正直和真實的原則來做事，就能取得成功。你要記得獎賞不一定都是財務上的——它們也會以讚譽和傳承的形式到來。許多 8 號人一生中會經歷許多次大起大落。

作為 8 號人，表達愛意對你來說可能很困難。你需要防止自己變

得固執己見和充滿控制欲。你的生活可能充滿了各種各樣的人際關係和朋友。在振動頻率低的時候，你可能難以保持忠誠和保守祕密，並且會給人虛偽的印象。自負、自大和自私可能會成爲你失敗的原因。你極易爆發怒火，但怒氣消散也很快。你需要從自己的這些經歷中學習。你要開始承擔責任，真誠道歉，並由此而進步。

8 號人通常會在不同的公司任職過許多工作，並試圖在其中找到自己的一席之地。作爲 8 號人，你能夠在商業領域中任何能讓你獲得進步，並且發揮影響力的行業做出突出成績，比如銀行業、地產業、金融業，還有新聞業。你最擅長組織、培訓、督導和指揮。金錢、權力和讚譽能夠給你激勵。你可以努力練習改善你的策略，這樣你的想法會更容易被人接受。

8 號人的健康問題包括一些與壓力有關的問題，比如高血壓和心臟疾病。

數字 8 的形狀由兩個相連的圓圈組成，它們代表著靈性和物質。你必須平衡好人生中的這兩個領域。一旦失衡，8 號人就無法找到真正的滿足感。這種對稱的形狀也意味著在任何時候 8 號人的命運都有可能完全逆轉。

著名的 8 號人有 Giorgio Armani、Cindy Crawford、Jane Fonda、Aretha Franklin、Richard Gere、Barbra Streisand、Martin Scorsese，和 Elizabeth Taylor。

9 號人有著老靈魂的能量。之前好幾世的經歷賦予了你潛意識中生生世世的智慧。你的幽默感聰明又詼諧。你的笑聲具有感染力。9 號人也擁有極強的直覺。你不會衝動做事，並且目光也不會侷限於即時滿足感。

你的推理讓人難攖其鋒（雖然如果你觀點錯誤的話，就會讓人很心累）。你有著出色的學習能力和快速閱讀的能力，可以像海綿吸水一樣吸收知識，並且你的一生都會持續學習。

你有魅力、吸引人，並且懂浪漫，獲得一位伴侶對你來說並不難。然而，想要找到一個像你一樣聰明的人，或者是和你有同樣幽默感又能把你逗笑的人，卻並不是一件容易的事。

當振動頻率低的時候，你可能會讓人覺得居高臨下。你往往會假設別人無法理解事情而對其過度解釋。當你幾近成功或者剛領薪水時，你又可能因為一些自我破壞的行為，而成為自己最大的敵人。

在你的職業生涯中，幫助別人能夠滋養你的靈魂。你可能會透過用你的想法啟發別人的工作來獲得成就感，比如作家、藝術家，或者電影製作人。教育、諮商、醫療保健行業，還有國際商務這樣的工作對你來說也是不錯的選擇。你也是一位天生的人道主義者和慈善家，你做好事從不為獲得讚譽。你非常聰明，如果將你的智慧用在犯罪活動中，你可能也會獲得成功——雖然你最終還是要付出代價（即使不是今生也會是來世）。

你往往不會用積極的方式表達和處理自己的情緒。這些情緒就會堵塞在脖子和肩膀上，還有尤其是髖部。你必須努力改善你身體的柔韌度。自體免疫性疾病也可能會成為你的健康問題。

數字 9 的形狀像一個充滿智慧的腦袋。你可能會遇到隨機向你詢問訊息、詢問建議，或者是問路的陌生人。

著名的 9 號人有 Cher、Gandhi、Jack Canfield、Morgan Freeman、Harrison Ford、Shirlei MacLaine、貓王，還有德蕾莎修女。

大師數的能量和生命歷程

擁有大師數的人，他們為自己的生命歷程簽訂了獨一無二的特別契約。這些數字的層次更高，但是也有可能降到更低振動頻率，從而浪費了一生的機遇和才華。如果你的靈數是大師數其中之一，今生在人間你必須當心不要在實現人生任務的路上失敗。

舉例來講，當 11 號人振動頻率較低時，會呈現出 2 號人的特點，顯得善於合作，具有外交手腕。有時他們會散發出強烈的兩倍於 1 號人的能量，變得與 2 號人完全相反，更以自我為中心也更自大。如果 11 號人能夠完全發揮出他們的潛能，他們就會活出 11 的能量，成為真正的領導者──這樣的人直覺強大，有啟發和激勵別人的能力。

沒有人能夠永遠將振動頻率保持在最高水平。頻率的上下波動是非常自然的，但如果你能夠一直保持專注，最終將會實現大師數的人生真諦。

✳ 11/2 號人的能量和生命歷程

擁有大師數 11 的人是直覺最強的。你可能領先於你所在的時代，世界可能還沒爲你的才華做好準備。因此，11 號人的創舉可能常常無法立即收穫成果。

因爲擁有開拓精神，11/2 號人能夠成爲勵志演說家、精神領袖、電視主持人、設計師，或者媒體人物。

11/2 號人享受親密關係，特別是穩定和諧的關係。他們會將自己溫柔的天性和靈性品格融入任何一段關係中。

因爲 11/2 號人對事物有著深刻的感知，這也可能導致他們患上憂鬱症、焦慮症和嚴重過敏。11 的獨一無二的振動頻率會讓你容易同時擁有 1 號人和 2 號人的健康問題。

著名的 11/2 號人有 Jennifer Aniston、Coco Chanel、Bill Clinton、Harry Houdini、查理王子和威廉王子、歐巴馬夫婦、Ronald Reagan，還有 Tony Robbins。

✳ 22/4 號人的能量和生命歷程

擁有大師數 22/4 的人也被稱爲開創大師。22 號人具有獨特的天賦，能夠將想像轉化成現實。對於他們來說，建立自己的帝國並將衣缽傳承下去是非常重要的。

因為22號人有著雙倍的2號能量，他們總是精神緊張，必須把這種緊張情緒轉化成高瞻遠矚的計畫。22/4號人會面對關於道德操守和責任的考驗。他們的原生家庭情況常常很複雜。

22號人會去追尋一位優秀的伴侶，這樣他們才能感到安全。他們會被務實且目標明確的伴侶所吸引。

學會信任別人，而不是試圖控制或操縱別人，是22號人的人生課題。你可以與別人分享你的願景，並讓他們出一份力。你其實比你所想像的更需要他們。22號人容易走向極端，他們既有可能將自己的力量用於美好之事，也有潛力將其用於邪惡之處。作為22號人，慈善行為和出於善意的努力會為你帶來最大的回報。

22號人很喜歡在各種事物上都加上自己的名字，並且可不僅限於姓名首字母。22的獨特振頻意味著你有可能像4號人和2號人一樣，患上和過敏還有壓力相關的疾病。

著名的22/4號人有 Sir Richard Branson、Tina Fey、Chris Hemsworth、十四世達賴喇嘛、Sir Paul McCartney，還有 Caroline Myss。

✳ 33/6號人的能量和生命歷程

33/6號人被稱為教育大師。他們是大師數中最有影響力也最有同情心的一批人。

作為 33/6 號人，你知識淵博，並且會在分享你的想法之前做足研究。在發揮出你最大潛力時，你能與人清晰交流，不摻雜任何個人的目的，並且是位真正關心人類的人。

真正的 33/6 號人，他們的靈數計算過程一定會出現 11 或 22 這樣的大師數。（否則，如果你的生命歷程數是 33 這樣的兩位數，它最終會被減少至一位成為根數 6 而不會具備「大師」的稱號）。

在親密關係中，你需要把精力放在掌控自己的情緒上。你有魅力又吸引人，絕對不會存在沒有伴侶這樣的問題。然而，你要注意不要展現出性格中缺愛卻又不願幫助別人的複雜部分。

33 號人的愛能夠幫助別人也能夠療癒別人。33 號人的滿足感來自於幫助別人和與世界分享自己的智慧還有藝術天賦。33 號人的職業生涯包括任何關於支持人權、教育、醫療保健行業，還有各種形式的藝術。同時，33 號人也要學會照顧自己。

數字 33 獨特的振動頻率意味著你有可能出現數字 6 和 3 會有的健康問題：生殖系統和心臟問題，還有憂鬱症和體重波動。許多好萊塢明星都獲益於 33 中兩個 3 所帶來的創造性能量和感性能量。梅莉・史翠普就是一位罕見的 33/6 號人，她的生日是 1949 年 6 月 22 日（6 ＋ 22 ＋ 5 ＝ 33/6）。民主黨參議員華倫也是這天出生的。電影導演法蘭西斯・福特・柯波拉也是真正的 33/6 號人，他的生日是 1939 年 4 月 7 日（4 ＋ 7 ＋ 22 ＝ 33/6）。

33 在命運數中更常見，這樣的人他們的靈魂數或者人格數可能是 11 或者 22，反之亦然（詳見第三章）。

總而言之：
生日數字和生命歷程數

　　把一個人的生日數字和他的生命歷程數字結合來看，就能夠發現許多相似的複雜性格特點。研究這些特點，再從整體上關注數字的分布，會讓你的解讀更加準確。

　　例如，如果某人的生命歷程數為9，生日數字為8，這個人可能很難成為一個慷慨大方的人。數字9的能量會讓他給服務人員留下一大筆小費，但數字8帶來的性格特點又會讓他馬上後悔。

　　看到3和7在一份核心資料中同時存在是最常見的靈數模式之一。儘管這些數字本質上是完全不同的，但它們能夠為彼此帶來平衡。生命歷程數是7的人需要時間獨處，並且可能有避世的傾向，而生日數字是3的人喜歡受到人們的關注，喜歡聊天，也非常善於社交。這樣的情況會為當事人帶來人格內部的矛盾，需要他不斷探索應對方法。

　　還有些數字組合更棘手。比如，生命歷程數是6並且靈數檔案中有明顯的1的人就會傾向於誇大其辭，捏造事實，為一己之利推卸責任。比如尼克森就是這樣的人。6號人的強硬觀點與1號人的固執好勝天性相結合，可能會為此人帶來反覆無常的性格。

　　當生日數字和生命歷程數的特性無法協調一致的時候，會為人帶來優柔寡斷前後矛盾的個性，也可能會有事後諸葛的特質。但這種不協調也會為人生帶來活力和樂趣。人們可能會覺得你難以捉摸，因為

你的行動既可能被你的生命歷程數所引導，也有可能源自於你的生日數字。

理解了你靈數檔案中數字的優勢和劣勢，會讓你在解碼自己獨特天賦時更有力量。當你發現自己的靈數中有不協調的數字時，它們也為你提供了能幫你識別和克服挑戰的額外方法。總之，你的生日數字能提供關於你性格最有力也最準確的訊息。

在下一章中，你將學習解讀你姓名中藏著的力量和祕密，它們會揭示你的本性，包括你的命運數、靈魂數、人格數，還有成熟數。在你探索自己姓名所代表的數值，並逐漸建立你的核心靈數資料時，你獲得的訊息會越來越多。

3

藏在姓名中的祕密

你出生時獲得的姓名來自爲你起名的人瞬間的直覺
和靈感。你的出生姓名爲你提供了你生命旅程所需
要的振動能量。在本章節中，你將學到如何爲字母
確定其相對應的數字能量，從而理解你姓名的重要
意義，並且由此得出你的命運數、靈魂數、人格數
和成熟數。

你的姓名

計算生命靈數時，使用你出生證明上的原名十分重要。即使你並不喜歡自己的名字、只使用了幾分鐘、更改了名字的拼寫方法、在婚後或者因為其他事情改掉了自己的姓氏，甚至你已經更改了全名，也是如此。這個原名就是你的命運。它所得出的數值就是你的命運數，有著強大的意義。

如果不知道你原來的名字（比如你在被收養時得到了一個新名字），你也可以使用你現在知道的這個名字——因為你已經和這個名字共同成長融為一體了。

你的全名應包括你的中間名，但不包括像小 (Jr.)、三世或 III 這樣的後綴還有連字符。

你的命運數

你的命運數能揭示你的腦力天賦和體力天賦，以及性格中的陰暗面。命運數代表了你需要用一生時間來實現的最大潛力。它表達了你的事業目標和家庭目標，以及你想要成為什麼樣的人。

✳ 計算你的命運數

為了計算你的命運數，你需要把你的全名用大寫字母寫出。在每個字母下方，寫下第55頁圖表中顯示的與字母相關的數值。

正如我們之前用月分、日期和年分相加得到你的生命歷程數那

樣，我們首先要將每個名字中的數字分別相加，然後將其位數減少至一位。這樣就完成了！你可以將你的命運數添加到資料中了。

讓我們用貓王 Elvis Presley 的名字作爲我們的第一個範例。

●·· 字 母 數 字 計 算 器 ··》

字母表中的每個字母，都擁有一個與它們在字母表中的位置相關的數值。

例如：M 是第 13 個字母（1 ＋ 3 ＝ 4），因此減少到個位得到 4，J 是第 10 個字母所以減少至 1，T 是第 20 個字母因此減少到 2，以此類推。久而久之，你會逐漸牢記這些數值，但現在，你可以參考這個圖表以獲得靈數解讀。

字母與它們對應的數字

1	2	3	4	5	6	7	8	9
A	B	C	D	E	F	G	H	I
J	K	L	M	N	O	P	Q	R
S	T	U	V	W	X	Y	Z	

```
E L V I S   A A R O N   P R E S L E Y
5  3  4  9  1   1  1  9  6  5   7  9  5  1  3  5  7
```

Elvis $5+3+4+9+1 = 22/4$

Aaron $1+1+9+6+5 = 22/4$

Presley $7+9+5+1+3+5+7 = 37 \ (3+7) = 10 \ (1+0) = 1$

$22/4 + 22/4 + 1 = 45 \ (4+5) = 9$

所以 Elvis 的命運數就是 9。

現在，讓我們試著計算 Stevie Nicks（記得要用她的全名 Stephanie）：

```
S T E P H A N I E   L Y N N   N I C K S
1  2  5  7  8  1  5  9  5    3  7  5  5    5  9  3  2  1
```

Stephanie $1+2+5+7+8+1+5+9+5 = 43 \ (4+3) = 7$

Lynn $3+7+5+5 = 20 \ (2+0) = 2$

Nicks $5+9+3+2+1 = 20(2+0) = 2$

$7+2+2 = 11/2$

Stevie Nicks 的命運數是 11/2。

Lady Gaga 的原名是

S	T	E	F	A	N	I		J	O	A	N	N	E
1	2	5	6	1	5	9		1	6	1	5	5	5

A	N	G	E	L	I	N	A		G	E	R	M	A	N	O	T	T	A
1	5	7	5	3	9	5	1		7	5	9	4	1	5	6	2	2	1

Lady Gaga 的命運數是 4。

命運數的意義

既然我們已經學會了如何計算這個如此重要的命運數，接下來就讓我們深入了解每個靈數的含義，以及它們揭示的關於個性、天賦、職業生涯和性格陰暗面的微妙資訊吧。

✳ 命運數 1：領導者和決策者

你喜歡按照自己的方式做事——而且通常你也會這麼做。你的職業必須存在升遷空間，這樣你才能保持動力，並且你最終也很可能會成為掌權者。

你的創造性思維也賦予了你快速解決問題的能力。

你有著偉大的願景和創新的想法，並且擅長讓人們參與進來，將你的想法變成現實。1 號人會因各種想法而產生動力——甚至十分激

動——但當涉及到細節時可能又會失去興趣，並且經常難以跟進落實行動。所以請記住要設定界線並且為自己發聲。

你害怕失敗。如果你認為自己不會在某件事上做到最好，你甚至不會嘗試。當你的陰暗面在生活中占據主導時，你可能會變得專橫不耐煩、傲慢和自私，並且利用你的影響力來做壞事。

你需要接受你的領導天賦、靈感、獨立思考能力和獨特的想法。你的創意應該與大家分享。最終，命運數中的 1 會要求你利用這些天賦，並且創造機會來實現你的願景。

※ 命運數 2：團隊合作者

命運數是 2 的人天性機智、迷人、善於處理細節、與人合作，且有耐心。你在團隊中能夠表現出色，並且在合夥關係中比在領導職位上更勝一籌。

你容易對自己再三懷疑，並且對你的選擇缺乏信心。在工作中，由於你不喜歡成為眾人矚目的焦點，因此你必須確保他人認可並重視你的努力，並獲得你應得的讚許，否則你有可能被忽視。人們信任你，並且欣賞你體貼又慷慨的天性。如果你無法感受到別人對你有如此尊重，可能就會覺得不舒服，或者表現欠佳。

當你的陰暗面占據生活的主導時，你會變得過分敏感、愛哭、鬼鬼祟祟、善於操縱別人，並且擅長說謊，顯示出你的兩面性。你會充滿挑釁情緒而不是像往常一樣靈活變通。

當你為團隊帶來積極貢獻並且使團隊充滿活力的時候，你感到最幸福。只要能夠為你所做的任何事帶來和諧、平衡感和合作精神，你就能感到滿足，並且克服你的陰暗面。不論是和家人、朋友還是和同事一起，你都能為任何情況帶來和平，並發揮和諧影響。

✳ 命運數 3：藝術家和娛樂家

雖然創意十足，但 3 號人可能患有「彼得潘症候群」，永遠不想長大。你非常有幽默感，並且喜歡有趣又令人振奮的工作。這一切倒是沒問題，但是你也必須認真承擔責任。你的天賦能夠獲得別人的認可和支持，但卻不一定能夠帶給你快樂。所以謀求平衡很重要。除了喜愛享樂之外，你的情緒可能也來得十分強烈。你需要試著鍛鍊敏感度，不要感情用事。

他人可能會覺得你生活愜意，並嫉妒你總是能如願以償。然而另一方面，你卻會嫉妒那些你認為搶了你風頭的人，或比你更有才華、更受歡迎或更有天賦的人。請記住，你能夠獲得的成功還有很多。

3 號人處於陰暗面的時候，必須避免過於戲劇化或情緒化、不誠實、偏執還有嫉妒。如果能夠控制住這些幼稚的情緒，你將會體驗到更多快樂。

✳ 命運數 4：計畫者和生產者

你是可靠的、可信賴的、有條理並且準時的。你可能會討厭不這樣做的人，但你也有管理他們的能力。你有能夠在混亂面前保持冷靜的驚人能力，並且能夠使你做的一切事都井然有序。

實際的成就會爲你帶來巨大的滿足感，比如還清車貸或者擁有一棟乾淨的房子。然而，控制力是一種錯覺，你必須學會放手。

你是個有計畫的人，但旁人常常對你付出的辛苦努力視而不見。你能夠將任務分解成小份並穩步取得進展，儘管如此，你心中還是暗地希望能夠有人來幫你分擔。

當處於陰暗面時，你可能會變成工作狂、固執己見、充滿叛逆心理，並且喜怒無常。怨恨情緒把你變得非常殘忍。對你來說，學會把工作分派給別人、讓別人看到你的努力，還有花更多時間玩樂非常重要。如果你有 13/4 的業債的話，對你來說努力完成已經開始的任務會成爲重要的生命主題。

＊ 命運數 5：追逐刺激的進取者

你永遠有能講給大家的故事，比如要去的地方、下一次旅行，還有即將見到的人。他人欣賞你的冒險精神，並且喜歡藉由你的經歷來實現他們的夢想。你一定要記住不要把事情做得太過火，也要記得生活不一定非要有破壞性才能令人興奮。

你需要多樣多變才能在職業生涯中感到滿足，因此辦公室生活可能並不適合你。你充滿魅力的性格和能說會道的才華，會讓你在銷售、市場行銷和促銷中自然地發揮天賦。

你可能會陷入戲劇性事件和八卦之中，有時你還會創造或者編排一些場景來自我娛樂。由於你很容易感到無聊，你可能會發現自己身

邊充滿總是處於危機中的人。這種情況會極大地消耗你的能量，爲了避免，你要努力學會對自己和他人有更深刻的理解。

你的陰暗面會讓你變得衝動、不安、直言不諱、粗魯，甚至褻瀆神靈。你在不考慮後果的情況下做出的瘋狂選擇，可能會導致你身敗名裂。請當心你的自我毀滅傾向。

✳ 命運數 6：滋潤人心的完美主義者

你最棒的品格之一是你的忠誠，儘管遺憾的是，它很少得到回報。你可能從小就需要承擔家庭責任。所以對你來說擁有一個幸福穩定的家庭環境非常重要。你也善於處理家庭事務。你會成爲優秀的家長。如果你沒有孩子，你就會將養育別人的天賦表現在動物身上。

你通情達理、成熟，並且值得信賴。承擔責任能養育你的靈魂。你有著優秀的判斷力，會給出合理的建議，在朋友圈中扮演諮商師的角色（或許也可以成爲專業諮商師）。你想讓你周邊的一切都更美好，漂亮的事物能讓你快樂和舒適。

你處於陰暗面時，會顯得自以爲是、尖酸刻薄，並且驕傲自大，會認爲沒有人能像你一樣把工作做得完美。其他人可能會將你極高的個人標準誤認爲是競爭或是傲慢。你常常干涉他人的選擇、對事物充滿擔心，並且會尋求不斷的認可。所以請你不要太在意別人的想法或者干涉別人的問題。

✳ 命運數 7：充滿智慧的直覺者

你擁有安靜又高貴的氣質，對事物的思考非常深入。你的幻想可能會促進你哲學或者技術天賦的進步。你沉著、矜持、善於觀察、有教養，而且有靈性。你獨處時並不覺得孤獨，而這點對其他類型的許多人來說很難做到。你享受大自然，也適合獨處。

你的直覺非常強大，有時你甚至能夠「看到」別人的想法。你的夢會有預知作用。

你的記憶力極佳，對歷史、收藏品和過去的事情很感興趣。你在可以專攻或者深入研究成為專家的領域中會表現得很出色。

7 號人在成長過程中常常覺得家人對自己有所隱瞞。即使他們這麼做是為了保護你，這也會在你心中種下一顆偏執狂的種子。你是一個善於保守祕密的人，並且常常獨來獨往。你為了實現自己的生活和工作上的目標而努力，有時會持續數年。

你的陰暗面會讓你變得疑心重、不誠實、偏執、偷偷摸摸和嫉妒心強。你的靈性十分強大，無論你個人對此觀點如何，它都會為你奠定基礎，提供平衡，並且幫你發揮出最好的一面。你可能會變得非常具有科學精神，也可能會非常有靈性，但也有些 7 號人能在兩者中取得平衡。你需要至少培養一些身邊的密切關係。與世界分享你豐富的智慧和知識非常重要。

✴ 命運數 8：主管人員

你注定會取得成功，並且成為經濟富足的人。你在人生早期就理解了權力和地位，並且只有在你選擇的職業中取得權威地位才能感到滿足。好在，你是天生的領導者和影響者。

你熱愛人生成就，但要當心的是——你可能永遠都不會感到滿足，總是會想要做的更多、站得更高、擁有更多。你傾向於更重視物質，但善良和慷慨的特質更令人難忘。

失敗對你來說有著毀滅性打擊，但是如果不去嘗試就會更糟，所以你需要勇敢地面對你的恐懼。隨著時間的推移，你就會意識到人們在意的是你是誰，而不是你做了什麼或是你擁有什麼。

8 號人的陰暗面會滋生不耐煩、偏執狹隘、冷酷，有時甚至還會帶來火暴脾氣。你可能會濫用藥物並遇到財務問題。你必須始終尋求平衡。當你將靈性基礎帶入物質世界時，你的心願就會得到滿足。

✴ 命運數 9：有智慧的慈善家

你幾乎能夠用你的幽默感、外向的性格和魅力籠絡任何人。你是一個有遠見的人，並且會激勵他人加入能夠讓世界變得更美好的活動。你可能會非常理想主義，甚至對別人的目的有著天真的想法。你容易受到外界的影響並且易於養成習慣，其中可能包括濫用藥物。

你有耐心、慷慨仁慈、有同情心，並且浪漫。你希望得到全世界的認可，而且也在悄悄謀求名望。透過分享你的獨特天賦、幫助人類、教育、提供諮詢和療癒等的方式，你的靈魂能夠得到滋養。

當你拯救世界的同時，請不要忽視身邊最親近的人。你處於陰暗面時可能會變得充滿占有慾、喜怒無常、害羞、幼稚，還有焦躁不安。你也會成為一個揮霍無度的購物狂。

✳ 大師數 11：直覺大師

擁有這個數字的人有著強大的表達方式。你極其敏感，直覺強烈，並且覺察力強，因此你能讓人覺得你非常強大、有教養，而且優雅。你被神聖力量所指引，你天生的領導能力意味著你能夠輕鬆引來擁護者和名望。

你做決定時會使用邏輯、直覺和情緒這樣難以捉摸的組合。你一直都知道你是與眾不同的存在，隨著時間的推移，你會完全接受你的特殊天賦，並用其喚醒和啟發他人。

當你處於陰暗面時，你可能會操控別人，並將你的力量用於不道德的行為。你可能常常會覺得難以把你的幻想和現實區分開。你常常覺得沒有人能夠達到你的高度期望。

✳ 大師數 22：建築大師

你從很小的時候就開始有大局意識，你總是有著遠大夢想。你在所有命運數中是最有潛力獲得成功的，而且你也渴望在世界上留下真正能被人注意到的東西。成年時期，一旦你開始了解自己的能力，你將能夠利用自己的巨大天賦，取得巨大的成就。

當你處於陰暗面時，你可能會在商業活動中變得狡猾而卑劣，具有破壞性，甚至變得邪惡。你必須始終將你的力量用於有益之處。

✳ 命運數 33：影響力大師

如果你的命運數字真的是 33/6，11 或 22 一定會是你的靈魂數（見67頁）或人格數（見70頁）。

你永遠都對挑戰有所準備。你擁有出色的創造力、溝通能力、真誠的性格和同情心。你的靈性天賦能夠透過為他人服務的方式顯現。你是善良樸實的人，為他人付出而不求回報。你有遠見，是個充滿歡樂、有趣並有同情心的人，而且很容易與他人建立真心真意的關係。

你是影響力大師。你的命運就是成為世界上愛和同情心所代表力量的實例。你是能夠幫助和療癒別人的人。

33號人的陰暗面是殉難傾向——並且你可能會愛發牢騷。

你經常能體會到別人的痛苦和傷痕。當你運用你天生的療癒能力來幫助別人，並且為別人提供救助方法時，你會體會到豐厚的回報。

為嬰兒取名字

如果你在考慮成為父母，你最大的責任之一就是為寶寶起名字。你的選擇將塑造一個靈魂的命運和你孩子一生的運勢！

在取名字時請一定要運用你的直覺。許多父母都選擇了夢中出現過的或者神聖靈感帶來的名字。如果覺得這個名字感覺不太對，就先不要做決定！當合適的名字出現時，你的靈魂會知道的。

不建議特意為你的孩子選擇你認為包含強大數字的名字，或是那些能讓他們成為運動巨星的資料。你可以使用生命靈數有意識地做出關於起名的決定：選擇那些能夠幫助你的孩子規避痛苦業力的數字，或者選擇那些能夠為生活帶來平衡的數字，再或者可以選擇那些能與你的靈數和諧共處的數字，但是請不要嘗試利用靈數為你的孩子建立理想的性格。你的控制權只有這麼多。你的孩子會選擇他們的出生日期（即使預產期已經計畫好了），所以不管他們姓名如何，為他們設定好的功課也會提醒在他們的生日數字和生命歷程數中。如果靈魂需要經歷關於上癮的功課，他們會選擇出生在該月的 14 號，或者如果他們想要關於權力和權威人物的功課，他們會選擇在當月的 19 號出生，或是其他能夠相加得到生命歷程數 19/1 的日期。

我也有過遇到雙胞胎客戶的有趣經歷，他們有著同樣的生命歷程數和生日數字。但是因為他們有不同的靈魂數、人格數和命運數，於是擁有非常不同的生活和人生經歷。這就體現了你的姓名有多重要。

許多生命靈數師不相信姓名的協助作用。然而我對此不同意，並

且我很高興爲需要取名的父母提供支持和引導，因爲我知道客戶／父母們總會有終極的直覺和選擇。所以爲什麼不運用你所擁有的工具呢？生命靈數能夠揭示親子關係中可能出現的不平衡和特殊的相處模式，並且減少過多的業債和業力功課。

如果你在孩子出生前沒有諮詢過生命靈數師，那麼在孩子出生後研究他們的核心資料依然是有價值的。它能夠幫助你了解這個新生的靈魂，能夠幫助你更好地發展他們的天賦，還能更深刻地了解到他們的功課。

宇宙比我們所了解的更神奇，它永遠都在引導我們，並爲我們制定人生計畫。生命靈數能夠揭開這個強大隱藏力量的神祕面紗。

你的靈魂數

這個數字影響著我們內心深處做出的決定。有時候它也被叫作「內心欲望數」，它揭示了只有你身邊最親近的人才能看到的一面。它能展現你的夢想、渴望、憧憬和真實的內在動機，並且能夠決定你處理真摯感情的方式。

當這個靈數與你的生命歷程數能夠相互協調時，做決定對你來說很容易。當它與你的生命歷程數相同時，你就會是一個感情外露的人。你私人的一面對人來說會一目了然。如果你的靈魂數和生命歷程數有衝突時，你就會是個優柔寡斷的人——你的理智和情感的需求並不相同。在這種情況下，你的行爲或決定會變得較爲複雜，有時會讓人們感到驚訝。

你的靈魂數是你出生姓名中所有母音所代表的數字相加之和。將所有字母用大寫字母寫下，並按照 57 頁的表格寫出與之對應的數值。然後將他們相加並減至一位，就能得到你的靈魂數。讓我們繼續來用貓王的名字來舉例。

5	9		1 1	6		5	5
E L V I S			**A A R O N**		**P R E S L E Y**		
3 4	1		9	5	7 9	1 3	7

姓名中的母音：

Elvis　　5＋9＝14 **(1＋4)** = 14/5

Aaron　　1＋1＋6＝8

Presley　5＋5＝10 **(1＋0)** = 1

　　　　　　5＋8＋1＝14/5 **(1＋4)** 5

因此貓王的靈魂數是 14/5（用分數形式寫出以標註出業債數）。

那麼，「Y」到底是不是母音呢？當然我們肯定不是要在這裡上語音課，但這點非常重要！把這點搞錯可能就會影響你的整個靈數資料。

確定你姓名中的「Y」是母音還是子音最簡單的方式，就是看它有沒有與另一個母音相鄰。在「Y」的任何一邊有母音都有可能讓「Y」成為子音。例如 Murray、Yolanda，還有 Presley 中的「Y」都是子音。

「Y」旁邊的子音可能會使「Y」成為母音，比如就像 Kyle、Pythagoras、Mary，還有 Lynn 這樣的名字一樣。我會說「可能」是因為——當然——這條規則會有例外。

如果「Y」聽起來像母音的話，即使放在母音旁邊，它也還是母音。例如，像 Wyatt、Bryan，或者 Kyara 這樣的名字。在這些事例中，「Y」發出的聲音是母音，因此它會起到母音的作用。

你的人格數

這個數字決定了你給別人的第一印象。了解你的人格數能夠讓你更好的理解他人對你的看法。

人格數體現在你透過你的反應、行為和回應投射出的外界形象上，無論是有意識還是無意識的。

人格數是真實天性的守門人。它能夠保護你的感受和內心。它會審視你輸出的內容和能夠走進你內心世界的人和資訊。它能夠發揮過濾器的作用，篩選出什麼人和什麼內容能夠進入你的內心世界，阻止某些振動的進入，並且選擇那些最能引起你共鳴的事物。

人格數也能為職業生涯提供資料，因為它表現出了你的天賦和能力。這通常也是可以決定你能否被錄用的靈數。

你的人格數是你全名中所有子音所對應數字相加總和。

Elvis	3＋4＋1＝**8**
Aaron	9＋5＝**14 (1＋4)** ＝14/5
Presley	7＋9＋1＋3＋7＝**27 (2＋7)** ＝9
	8＋5＋9＝22/4

所以貓王的人格數是22/4。

現在，你可以將你的靈魂數和人格數加入核心資料中了。

如果想要檢查你的運算過程，確保其中沒有算錯，你可以運用這個專業人士會用的捷徑：靈魂數＋人格數＝你的命運數。

靈魂數和人格數的意義

數字 1 到 9 還有 11、22 和 33 的整體能量是始終不變的——不管它們出現在你的生日數字中、生命歷程數中、命運數中，還是其他地方。然而靈數的位置和組合讓它們的含義有了細微差別。

✳ 靈魂數 1：有魅力的人

憑藉獨特的風格和形象，擔任掌管角色的 1 號人會在關係中成為領導者。你傾向於築起保護罩，並且會有種「我要在你傷害我之前傷害你」的有害心態。在內心深處，你是個癡情的浪漫主義者。

你的魅力能讓你走得更遠，但你也期望著在你伴侶身上找到同樣的特質，並且希望他人也像你一樣聰明又獨立。你能夠激發創新，不會參與庸常事物。

✳ 靈魂數 2 和 11：奉獻者

2 號人相比獨處更擅於與人共處，因此人們不會看到長久單身的 2 號人。他們會在關係中付出承諾，並且期望他們的伴侶也一樣——他們絕對是適合結婚的類型。

2 號人很可能會不惜一切代價來維持和平。你得體而善良,能夠看到情況的兩面性,並且更願意成為關係中的支持者而不是領頭人。

　　2 號人非常敏感,因此批評對於 2 號人來說是非常傷感情的。作為 2 號人,你非常樂於付出,並且感到被賞識是最重要的。

　　對於靈魂數字是 11/2 的人來說,情緒的高低起伏會來得非常強烈。雙倍的 1 號能量可能會導致自私的性格。所以請確保將你的說服力用於有價值的事業上,而不是為了操控別人和個人利益。

　　你能為任何關係都帶來深刻的靈性品質。

✳ 靈魂數 3：調情高手

　　靈魂數是 3 的人迷人又性感,他們閃耀的個性能夠讓別人發笑,也能讓別人感受到他們的特別。你常常追求樂趣的生活,並會因為「喜新厭舊」的心態而糾結,這樣可能導致你在親密關係中難以付出承諾。

　　你可能會用幽默和過度交談來掩飾你的真實情緒。如果你心中有不愉快,其他人能從你的話中知道,因為這時你的言語會像刀子一樣,意在傷害別人。

　　你靈魂的功課是要學會始終給予別人他們應得的認可,不要把別人的付出視作理所當然,並且不要讓別人覺得他們只是你的隨從。

靈魂數是 4 的人可能會顯得冷漠和疏遠。情緒是會波動的，而 4 號人喜歡像控制其他所有事一樣控制情緒。靈魂數是 4 的人對包括愛情在內的所有事都採取務實態度，所以表面上看起來可能不太浪漫。

你是有製造浪漫的能力的，但你的浪漫之舉或是燭光晚餐必須完美計畫，圓滿執行。你更喜歡給予和接收實用而不是古怪的禮品。

你最棒的品格是你的可靠性，能夠建立井然有序的生活，為伴侶提供強大的支持。你會希望與你信任的人建立安穩的愛情生活，以幫助你實現夢想。

作為 22/4 號人，你渴望能夠在世間留下深遠影響。為了完成這個使命，你需要將自己全身心地投入其中。

＊ 靈魂數 5：自由的靈魂

自由對 5 號人的幸福生活非常重要。你對改變、旅行和冒險充滿熱情，你需要在人際關係中感受到不受束縛的自由。對 5 號人來說承諾可能難以兌現，並且最後通牒也對 5 號人不起作用。

由於 5 受感官支配，性對 5 號人來說非常重要。5 號人永遠想要多樣化的生活，床笫之間也是如此。感官享受能為你帶來快樂，但也可能導致過分放縱和濫用。

靈魂數是這個數字的人往往會較晚結婚。5 號人不喜歡情感依戀和長久的承諾。

✳ 靈魂數 6 和 33：情人

6 號人最大的渴望就是愛與被愛。作為多愁善感、有耐心、有同情心，又善於理解別人的 6 號人，你會成為一個很好的伴侶，也能讓愛變得簡單率真。

6 號人容易將愛情理想化，會創造出美好生活的完美形象，然後努力為之奮鬥。靈魂數是 6 的人會期待承諾。6 號人渴望被需要，並且樂於傾聽別人，也願意給出建議，提供支持。

6 號人對他們的家和家人有著深厚的愛意，這樣的 6 號人通常會想要養育孩子——當然，不是所有 6 號人都如此。

靈魂數是 33/6 的人想要為世界提升愛的振頻。你是有情緒感染力的人，並且想要透過愛為世界帶來互相理解的能力。

✳ 靈魂數 7：神祕人物

你的智慧使你迷人而有氣質。你給人的感覺是你更喜歡保留一些隱私。

靈魂數是這個數字的人可能會選擇獨居生活，寧願獨處也不喜歡與他人為伴。如果你真的決定結婚，那也會是在你變得成熟並且處於

一段私密而穩定的關係中時。你可能會對成爲和尚或尼姑這樣的想法感興趣。

你更喜歡談論事實而不是難以預料的感受和情緒。你在戀愛關係中的冷淡態度會引起對方的不信任，因爲對方可能認爲你對他們有所隱瞞。在別人面前情感脆弱還有建立深厚的關係，都是超出你舒適地帶的事，但這對於你過上充實的生活十分必要。

✳ 靈魂數 8：奮鬥者

8 號人喜歡吃苦耐勞，在感情方面的事也不例外。你可能會發現自己一再地和相同類型的人戀愛。這可能在感情上和經濟上對你來說都是極大的消耗。你需要認清楚自己的戀愛模式，並停止那些徒勞的做法。

靈魂數是 8 的人喜愛物質享受和財富。別人認爲你是成功人士對你來說很重要。你有遠大的夢想且不怕辛苦付出。你需要不斷被挑戰（並因接受挑戰而獲得獎勵），即使在親密關係中也是如此，否則你將陷入低振頻的狀態，變得嗜虐、殘酷、憂鬱且沮喪。

你的理想伴侶需要有吸引力、有能力，並且像你一樣努力。無論是否有意爲之，靈魂數是 8 的人往往會與富有或擁有資源的人結婚，這樣的人能夠支持他們的願景以及他們對物質成功的需要。

請記住，愛情中沒有虛僞的餘地——請以你希望別人對待你的方式來對待你的伴侶。

✳ 靈魂數 9：心胸寬廣的人

靈魂數是 9 的人渴望博愛並且真正關心人類的福祉。9 號人擁有老靈魂，他們非常明智，並且具有非凡的直覺力。

9 號人非常體貼，並且會始終預見到他們伴侶的需求，他們會把伴侶看作他們的國王或女王。9 號人的親密關係中通常存在著明顯的年齡差異。

儘管你暗中夢想著對世界帶來巨大的影響，甚至可能獲得名望，但你其實是非常謙遜的人。因為敏銳又慷慨的個性，你經常在滿足自己的需要和別人的需求之間左右為難。

你是情緒化而敏感的人，有時也會變得愛挑剔且喜怒無常。如果別人無法滿足你的極高期望，或者無法在機會來臨時抓住時機自立自強，你會非常失望和沮喪。

✳ 人格數 1：活力並高效的人

他們時髦、開朗、有控制力、有能力、支配性強、好鬥、不易接受新事物、令人畏懼且勇敢

✳ 人格數 2 和 11：友善且樸實的人

他們具有合作精神、低調、有外交手腕、謙遜、善於傾聽、害羞、文雅，並且經常被低估。

✳ 人格數 3：能夠啟發別人且有魅力的人

他們非常吸引人、能夠令人振奮、有魅力、性格外向、樂觀、健談、有趣、深情、散漫而且輕率。

✳ 人格數 4 和 22：可靠且始終如一的人

他們看起來很踏實，是受人尊敬的人，同時也保守、可靠、值得信賴、負責任、矜持、固守己見並且自負。

✳ 人格數 5：妙趣橫生又機智的人

他們積極向上、開明、樂觀、無所不能、性感、外向、精力充沛、有吸引力、外表年輕、責任心較差。

✳ 人格數 6 和 33：能理解別人且有同情心的人

他們具有保護性、可靠、足智多謀、居家、優雅、追求完美、有同情心、有能力、有教養、有品味。

✳ 人格數 7：嚴肅而神祕的人

他們敏銳並善於觀察，聰慧、莊重、矜持、常常自省、內向、處變不驚、重視隱私、古怪又冷淡。

※ 人格數 8：強大並令人印象深刻的人

他們有影響力、力量強大、雄心勃勃、有權威性、有商業頭腦、有遠見、自信、有教養、殘酷無情、貪婪、自負、控制欲較強。

※ 人格數 9：令人敬佩且有魅力的人

他們能力強、有決心、誠實、踏實、有創造力、能幹、效率高、有外交手腕、傲慢、令人望而生畏，也讓人嫉妒。

◗·· 業 力 功 課 ··◖

業力功課來自你姓名中缺失的能量，它們由缺失的字母來表示。姓名中的業力功課有九種，儘管大多數人只會經歷兩三種。

缺失的能量能夠被視作你無法輕易獲取的工具。因此你必須學會自己來發展這些技能。

以下是你姓名中缺失字母所代表的意義：

◖ 功課 1：缺少 A、J 或 S

你將學習如何為自己發聲和推銷自己。你的功課是學會獨立和採取主動行為。

☾ 功課2：缺少 B、K 或 T

你將學會耐心、合作，還有變得更圓滑，更具備外交手腕。你的業力功課是學會對他人的感受保持敏感，並學會團隊合作。

☾ 功課3：缺少 C、L 或 U

這樣的業力功課將使你懂得自愛的價值，以及學會不要過於認真或是過度自我批判。你會在溝通和想像力的領域受到考驗，並且學會喜悅和樂觀。

☾ 功課4：缺少 D、M 或 V

如果你的姓名中缺少 4 號功課，那你會很難讓自己的生活井井有條。你需要建立起生活的根基並且學會自律，從而避免精力過於分散。你可能還會經歷拖延的問題。

☾ 功課5：缺少 E、N 或 W

你將學會接受變化和新的體驗。你的功課是讓你的生活中多一些冒險經歷，並且透過相信宇宙的安排來克服內心的恐懼。

☾ 功課6：缺少 F、O 或 X

你難以付出承諾，並且不容易表達情感。你逃避責任，並且必須付出努力才能建立真誠且親密的人際關係。你可能需要解決或是原諒家庭所帶來的傷疤。

☾ 功課 7：缺少 G、P 或 Y

你必須學會真誠，並且尋求靈性啟蒙。你可能會在學習還有學校生活方面遇到困難。但你需要堅持下去，這樣才能使你的天賦變成你的專長，並將其做到完美。

☾ 功課 8：缺少 H、Q 或 Z。

你的功課是管理金錢——既要經歷富足的生活，也要經歷財富的匱乏。你將會學到如何處理你的資源，如何更好地忍受權威任務，以及如何接受他人的建議。

☾ 功課 9：缺少 I 或 R

你會缺乏人道主義精神，並且你將會學到如何變得更有同情心、更能理解別人，以及更能寬容別人。你將被迫為了群體的利益犧牲個人志向。你會學到集體的重要性並學會寬恕。

如果你姓名靈數中缺失的數字出現在靈數資料中的其他位置，那麼業力功課的影響會被減弱，也會變得更容易。所以請確保將業力功課的靈數加入你的靈數資料中，以便你可以隨時了解它們。

靈數的協調性

在生命靈數中，有三種獨特的和諧組合（有時被叫做三合）靈數，它們的特性能夠互相協調。它們是：

1、5和7
2、4和8
3、6和9

每一組中的幾個數字都有著共同的個性。

簡單來講，這些靈數組合可以用來預測你和擁有其他靈數的人能如何相處，以及是否可能與你遇到的人建立長期親密關係或友誼。

識別你的三合靈數的方法，就是找到包含你減至一位的生日數字或生命歷程數的那組。然後你也許就會看到你的許多朋友、愛人，和有共同愛好的人的靈數都在你的三合靈數中。和這些人在一起時，你會發現你們天生就能互相理解，並且有著很好的連結。

如果你的生日數字和生命歷程數不在同一組三合靈數中，你可能會發現你有時不知道自己想要的是什麼。當你和別人初次見面時，就需要把兩組三合數都納入考慮，並且要注意與他們在不同層面上的連結如何。你可以在下文中看到你的靈數在三合數中的含義。

✳ 1-5-7：善於思考的三合靈數

擁有這些靈數的人是才智超群的人——他們好奇、有科學頭腦、善於分析，並且技術性強。他們終生都會無休止地學習，且通常會從理性的角度看待事物，而不是從情感的角度。

✳ 2-4-8：有商業頭腦的三合靈數

擁有這些靈數的人很會賺錢，常常是工作狂，並且會在公司職位上步步高升。他們是有事業心的成功人士，能夠在商業發展、運作和管理上取得成功。他們通常非常實際、理智，並且做事高效。

✳ 3-6-9：有創造力的三合靈數

他們有藝術才能、有靈性，能夠啟發人心，這組三合靈數中的人富有表現力，他們遵從內心而生活。他們對形而上學和靈性有著強烈的興趣和很好的理解力，並且往往有創造力，感情豐富。

成熟數

直到 40 歲以後，你才會感受到成熟數的強烈影響，而且它的影響直到 50 歲才會真正產生。成熟數代表了你在何處能夠找到真實的自我，並能幫你更自在地活出真正的自己。這個靈數隨著年齡的增長會變得越發重要，它能與你的生命歷程數相結合，並為你的人生後半段定下主題。

如果你的成熟數和你的其他靈數處於同一組和諧組合中，那麼你的能量轉變會較爲不明顯，但如果這是與你其他靈數不相同也不契合的一個數字，你的能量將會有巨大的轉變。

你的成熟數

計算你的成熟數，只要將生命歷程數和命運數相加就能得出。

生命歷程數＋命運數＝成熟數
例如：生命歷程數7＋命運數1＝成熟數8

7和1都在具有聰明才智的那組三合靈數中，而8屬於具有商業頭腦的靈數組合。這樣的成熟數會帶來新的關於金錢的憂慮，並且隨著年齡的增長，你可能會變得專橫和虛僞。由於成熟數的靈數來自全新的靈數組合，這樣的轉變將會非常劇烈。這種變化可能會爲你現有的關係帶來壓力。

成熟數字的意義

✳ 成熟數1

你將會變得更加獨立和有個性，並需要更加努力地爭取認可和回報。你需要防止自己變得仗勢欺人和好鬥。

✳ 成熟數 2

你會變得更敏感，你也會更加得體和善於交際。你會用順利和諧的方式完成幕後工作，並會循循善誘而不是強行逼迫別人。

✳ 成熟數 3

你會變得更善於社交，更加外向。你的溝通技能會隨著知名度和創造潛力的發展而得到進步。你可能會開始繪畫、寫作，或者表演。

✳ 成熟數 4

你會發現自己變得更善於計畫，更加實際也更有條理。你要防止自己變得侷促、死板，還有過於固執己見。記得為娛樂活動騰出時間！

✳ 成熟數 5

旅行、自由和突發事件將占據你後半生。你講故事的能力會得到進步，你也會變得更有創意，更願意冒險。你要小心不要讓你的能量過於分散。

✳ 成熟數 6

你會更多地關注家人、朋友和集體。你變成熟後會像一位智者，並且能夠為需要的人提供建議和安慰。成熟數 6 也會帶來安定的晚年生活。他們通常會是照顧年邁父母的孩子。

✳ 成熟數 7

你必須防止自己的避世隱居傾向。你將花時間閱讀、修身養性，同時不斷向生命發問。你的直覺會變得更強，你得出獨特觀點和結論的能力也會隨之增強。

✳ 成熟數 8

你將學會擺脫追求物質成功的心態。許多擁有這個成熟數的人不會真正退休，而持續被物質積累和貪欲所消耗。如果你能夠控制自己的自我意識，專注在慈善行為從而保持生活的平衡，你就能取得成功及經濟獨立。

✳ 成熟數 9

9 號靈數會讓你的智慧、幽默感和慈善精神蓬勃發展。志願服務還有對藝術和文化的興趣會為你帶來快樂。你將努力創造出具有永恆價值的事物。

✳ 成熟數 11

隨著年齡的增長，11 號人令人難以置信的直覺和靈性體驗也會隨之增加。你需要學會去信任它們。你的敏感度和對性格的判斷力會得到加深。你將能夠辨別你可以允許哪些人進入你的世界，還有哪些人最終能夠和你建立持久的關係。（請同時參考成熟數 2 的能量）。

✳ 成熟數 22

只有擁有生命歷程數11和命運數11的人才會有這個成熟數。擁有這個成熟數的人，人生將有著堅實的基礎、可靠的直覺、新得到的自信，和深厚的個人力量。這些工具會幫助你把許多夢想變成現實並留下傳承。（請同時參考成熟數4的能量）。

✳ 成熟數 33

只有生命歷程數和命運數是11和22的人才會擁有這個成熟數。你會把愛帶入你所做的一切事情中。你可以運用你的同理心把你的願景變成現實，同時將你的情感能量集中在與靈性教導一致的更高的目標上。（請同時參考成熟數6的能量）。

你應該接納並期待你的成熟數。這表明你正在將你的生命歷程和命運融合成充滿人生經驗和終極智慧的強大能量。你現在可以充滿自信地引領你的人生了，並且最終你會將夢想變成現實。

重複的數字

當你完成你的靈數核心資料時，你可能會發現有些數字重複出現了——例如，你的生日數字是9，靈魂數也是9，這就導致你有時會居高臨下，或者你的命運數和人格數都是1，這就會使你容易變得具有攻擊性或是自私。你靈數資料中的重複數字會用激烈的方式表現出來。相同數字在靈數資料中出現兩次是很常見的事——我還有些客戶，他們靈數資料中的7個數字有5個都是相同的！重複的數字既會

帶來獨特的挑戰，也能帶來獨特的機遇。一旦你意識到並了解到自己靈數資料中有著不尋常的強烈數字能量，你就可以努力調整自己的反應並改變應對挑戰的方法。

最近，一位客戶告訴我，他出生在當月9號的姪女的生命歷程數也是9。這並沒有什麼問題；然而，她的姓名也導致她的命運數、靈魂數和人格數都是9。由於她靈數資料中9的強烈存在，她的靈魂將難以達到平衡，並將不得不努力發展其他方法以應對和存活在數字9的高振頻中。（我不禁覺得他們的孩子長大不是變成職業罪犯，就是成為德蕾莎修女那樣的人。）

可以把你的靈數核心資料想像成一個工具箱。如果你的靈數資料中有4到7個不同的數字，那麼你人生中就擁有大量的工具，並且能夠從中提取多種技能。如果你只有兩三個不同的數字，你的工具就會受到一定的限制，你只好更加努力，發展出天賦以外的技能。

現在你已經了解到了你到底是誰，那麼接下來讓我們從生命週期的意義上繼續探索你目前處在哪裡吧。

個人生命週期：
充分利用每一天，
每一月，每一年

既然你已經透過生日和姓名所包含的數值，對你自己有了較深的理解，接下來就讓我們探索靈數能揭示的關於你所在的當天、當月和當年的內容——以及你即將走到人生的哪一步。生命靈數遵循 9 年為一週期的發展模式，然後再次從 1 開始。9 年週期中的每一年都有它獨特的需求、節奏和模式。每一年中，也有著以月分和日期為週期的循環。你個人的流年、流月和流日的週期極大地影響著你人生的節奏，以及事情如何在你人生中以獨特的方式開展。理解這些週期以及它們各自的能量也能夠幫助你規劃未來。

個人週期是生命靈數學中最令人激動的層面之一，並且也能極其準確地預測出你在特定時間會遇到的人生主題、挑戰和機遇。確定你的態度數能夠為揭開關於這些週期的謎團奠定基礎。

你的態度數

在我們開始學習靈數週期之前，我們需要確定你的態度數，因為它對於計算你的個人週期非常重要。態度數揭示了你如何向世界展示自己——也就是你向世界自然流露出的態度和振動。我們許多人都傾向於相信我們對世界是沒有態度的，但事實上每個人都有態度！

這個數字來自你出生的月分和日期。就像你計算生命歷程數時一樣（見 32 頁），首先將月分和日期的數字分別相加至一位數，然後再把這兩個數加起來。

月分＋日期＝態度數

例如：　　　*12 月 1 日*

月分：　　　*12（1＋2＝3）因此月分數是 3*

日期：　　　*1，不需減至個位因此生日數字是 1*

　　　　　　3＋1＝4，因此態度數是 4

9 月 17 日

月分：　　　*9，不需減至個位因此月分數是 9*

日期：　　　*17（1＋7＝8），因此生日數是 8*

　　　　　　9＋8＝17（1＋7＝8），因此態度數是 8

請進行計算並將態度數加入你的靈數資料中。

態度數的意義

既然你已經知道了如何計算態度數，讓我們來探索它們的意義吧。態度數展現了人們還未經過理性思考時直覺上對你的看法，是人們決定他們是否喜歡你，是否能與你和諧共處的依據。這個數字與第一印象和評判相關。所以也會是決定你求職時能否被錄取的因素。

＊ 態度數 1

你是個有創意的人：你在你所做的每一件事上都留下獨特的印記。你可能會表現得咄咄逼人，但同時又非常自信和有能力。你充滿熱情，永遠都能想出好主意。

你不懼怕衝突，並且可能會非常衝動，也缺乏對你的行動和決定所導致的長遠後果的思考。

＊ 態度數 2（或大師數 11）

你給別人的第一印象是善良、善於交際且有耐心。

你超常的敏感通常會以焦慮的形式表現出來。你要意識到自己從別人身上「學到」了什麼。你不需要擁有別人的經歷、情緒、意見或感受。

態度數是大師數 11 的人比 2 號人的性格中多了強烈的直覺，並且他們甚至會更加敏感。你是夢想大師，是一種直覺力量。當你能激勵他人時，就會處於最佳狀態。

✳ 態度數 3

你會給人快樂和無憂無慮的印象，但你其實非常敏感並且暗暗地害怕受到批評和反對。你可能會較爲散漫，通常一次會講好幾個故事。你喜歡笑，也喜歡逗別人笑。你非常善於交際、聰明，並且風趣詼諧。你有時可能會看起來喜怒無常，對自己很苛刻。其實沒有必要背負那麼多精神負擔：解決它就好，然後學會不要感情用事。

✳ 態度數 4（或大師數 22）

你的情緒難以捉摸，你必須注意不要給人無情或冷漠的印象。表現自己的脆弱或是展現情緒並不代表軟弱。你喜愛規則、正義和公平。如果別人注意到你的組織和管理能力，你會覺得很開心。

態度數爲大師數 22 的人擁有 4 號人的能量，4 的能量被放大就成爲了強大的 22 號建築大師。人們會看到你創造出具有永久價值事物的巨大能力。但你要控制自我意識：有時你會讓人覺得只關心自己。

✳ 態度數 5

你透過你的魅力在人生中前行，並從中得到你想要的東西。你更喜歡生活中突然出現的冒險和樂趣；你看起來無所畏懼並且永遠都在尋找人生中的下一個高峰。你在不斷變化的變動環境中，甚至是混亂的環境中狀態最好。旁人會注意到你對無聊的深惡痛絕。

☀ 態度數 6（或大師數 33）

你能力強、聰明，而且思維敏捷，你在緊急情況下表現出色，甚至更擅長控制輿論。你是出色的公關專家，你永遠知道該做什麼和該找誰。別人會認爲你是個品味極好的完美主義者，並且不願對自己的完美願景做出改變。

☀ 態度數 7

你無法忍受寒暄：與其參加需要你掛上假笑的活動，你寧願待在家裡。你喜歡閱讀表格數據。這讓你看起來不夠友好，有點冷漠。因爲你注重隱私，旁人覺得你有種神祕氣質。你更喜歡觀察和發問，而不是分享個人經歷。

你對別人的事十分好奇，比起一大群人互相客套，你更喜歡一對一的深入交流。你的諷刺和冷笑話有時並不被認可：你需要在發話前了解你的受衆。人們會覺得你是個有趣但難以捉摸的人。

☀ 態度數 8

8 號人天生具有領導才能，當人生均衡發展時，會有著不可阻擋的能量。你心中充滿渴望和奉獻精神，往往夢想遠大，但這也常會讓你失望。你表現得非常有信心並努力保持成功的形象。

有時，你會說出不得體的話或者固執己見，你也會鄙視浪費時間的人。畢竟時間就是金錢，它能提供你渴望的穩定、安全和自由。如

果你發覺自己缺乏資源或缺少控制權，可能就會採取消極的態度並且發脾氣。你要知道業力無論好壞，都會很快回到自己身上的。

你有著自信的氣場，並散發著魅力。別人常常會被你嚇到。大家對於 9 號人的態度常常兩極分化──人們要麼愛你，要麼鄙視你。任何有所隱瞞的人都擔心你會在無意中揭發他們。

個人流年和週期

是時候學習生命靈數的預測知識了。生命靈數學中最有意義也最有效能影響你人生體驗的週期就是個人流年週期了。學會這個你就會覺得像是擁有了能預知未來的水晶球！

生命靈數遵循 9 年為一週期的發展模式，然後再次從 1 開始新的週期。你出生時不一定是從 9 年週期的起始點開始的。你的個人流年需要以宇宙年以及該年在宇宙年循環中的位置為基準。你的個人流年取決於你的態度數和你的出生年分。

9 年週期中的每一年都有其獨特的需求、節奏和個性。在每個週期中都有要學到的教訓、要權衡的選擇，以及要把握住的時機，因此了解自己在流年週期中的位置，能解開關於你生命歷程的重要謎團。

計算你個人流年的第一步是了解宇宙年。這也是體現我們集體能量的地方。每個人都能或多或少地感受到宇宙年的能量。宇宙年的振動頻率在全年的新聞週期、世界重大事件，和其他熱門事件中都能有所體現。

宇宙年其實只是簡單地把日曆上的年分減少至一位數。以下是一些示例：

2017　　　$2＋0＋1＋7＝10 （1＋0）＝1$

2022　　　$2＋0＋2＋2＝6$

1993　　　$1＋9＋9＋3＝22/4$

當你把自己的態度數和減至一位的宇宙年結合起來時，你就能找到你生活的節奏。這個數字揭示了你未來的可能性和前景。

態度數（出生月分＋出生日期）＋宇宙年＝個人流年數

比如你的生日是8月25日。

$8＋25 （2＋5＝7） ＝ 15 （1＋5） ＝ 6$

因此你的態度數是6。然後我們現在處於2019年。

$2＋0＋1＋9＝12 （1＋2）＝ 3$

$6＋3＝$ 9就是個人流年數

你當前的個人流年能量將從1月持續到12月底。當日曆上的年分向前推進時，你的流年也會進行演變。在以上的情況下，個人流年數的循環將回到1。

要注意留心任何個人流年前三個月和後三個月的「暈輪效應」。下一年的新能量最快從這年十月分開始就能感受到，而上一年的舊能量還會徘徊到這年的三月分。還要注意的是，如果你的態度數是9，就與今年的個人流年數相符合，你會更強烈地感受到世界的能量。

個人流年數的意義

9年循環週期中的每一年都充滿了不同的冒險，它們能夠幫助你在人生中成長並進步。每個週期中獨特的經歷、挑戰和機遇，會為你人生的工具箱增添重要的知識和應對方案。

有些年分會比其他年分更容易；有些年分過得很快，有些則很慢。當你能夠從生命靈數的角度進行識別和反思時，人生事件會更有意義。了解這些訊息就意味著你的人生功課會來得更容易，你的成長也會更順暢。

利用好個人流年的預測能力，就可以積極地親手搭建你的人生。

✳ **個人流年1：起始之年**

這是向前邁進的一年！這是你在9號流年學會放手，為新開始做好準備之後的擁抱改變的一年。

在暈輪效應的作用下，你還是會感受到去年並未放手的一些事正在逐漸消失。1 號流年感覺像是一個緩慢的開端。但它是你設定目標、播下種子、發展你的想法，並開始採取行動將它們變為現實的最佳時機。這年發生的事情，將會影響你未來 9 年的回報和收穫。

現在你會重新找到信心。你充滿動力並且真正能夠將事情成功完成。這一年將為你帶來改變和進步，並且會過得很快。你可能會發現你變得更有進取心。請切記要與人融洽相處，不要固執己見，並且需要時一定要尋求幫助。

※ 個人流年 2 和 11/2：發展關係和培養耐心之年

今年是培育你在第一年播下的種子的時候。透過實施你去年開始進行的大計畫，能夠最好地利用你今年的世界。

你將建立起牢固的人際關係，並結識那些能夠幫助你進一步實現目標和夢想的人。這也是發展戀愛關係和擴大家庭規模的好時機。

這一年的步伐會比去年慢一些，你的耐心和妥協能力也會受到考驗。你的敏感度也會提高。

個人流年大師數 11：如果你把 11 想像成兩個 1 聚在一起（結婚、生子）或分離（離婚、離開所愛的人），你就會看到這一年關於命中注定的人際關係的事件。你的直覺非常強，所以請相信你的本能。

請注意你是否變得操縱人心、固執，或者自私，因為這是靈數 1 的雙倍能量在低振頻時會導致的情況。

你的 3 號個人流年會充滿社交活動，你也會發現自己比平時更受歡迎。靈數 3 擁有很好的連結別人的能量：你可以放心接受各種邀請。在這年宇宙想讓你建立更多人際關係！就讓這一切自然進行。這是你可以大膽說「Yes」的一年。請接受你收到的每一份邀請，並且盡可能多地結交朋友吧。

這年也將會是情緒豐富的一年，而且這意味著所有的情緒都會很豐富：憤怒、恐懼、悲傷、喜悅、沮喪等等。請找到一個能夠使你發揮創造力的方法，這樣你就可以把你高漲的情緒發揮其中。這一年你的創造力和交流技能也將處於高峰時期。

這也是你會遇到命中注定緣分的一年！在 3 號流年你可能會遇到對你人生產生重大影響的人，或是為你帶來改變命運的機會的人。

靈數 3 的能量熱愛擴張。請注意不要對事情過分誇張和美化。並且更要注意增重的可能性。

＊ 個人流年 4 和 22/4：紀律和細節之年

許多生命靈數書籍會誇大你在 4 號個人流年需要付出的巨大努力來恐嚇你，其實保持專注和投入就好。同樣也要注意細節，避免拖延和遵守規則。如果你違反規則，就要承擔後果。如果你超速駕駛，就會被開罰單；如果你撒謊，謊言最終也會得到揭露。請注意不要忽視你的健康。要隨時關注你的年度體檢結果。

這一年的主題是關於學會放手和學會相信上天的安排。順其自然，不要強求，否則會適得其反——後果會非常糟糕！

個人流年大師數 22：4 號流年是你把所有事情整頓好，為你的夢想打下基礎的時候。你的課題將包括控制自我意識，以及學習克服你無法控制的阻礙。對你來說，信任別人也能夠作為你總體計畫的一部分非常重要。

✷ 個人流年 5：改變、自由與冒險之年

在 5 號流年，你可能會開始感到被困住並且準備做出改變。這是你流年週期的中點，你可能會十分渴望新事物。這一年想要新房子、新車、新的職業，或者新的伴侶，都是很常見的事。5 號流年是適合社交的一年，也是開展新戀情的好時機。同時這也是非常適合去旅行、去冒險，以及嘗試新事物的一年。請特別注意出現在你身邊的新面孔和新事物。

這一年你也要當心被捲入突發事件和流言蜚語之中——你會像磁鐵一樣吸引這些事！你也可能會發現自己有點笨拙或者容易出事故。

✷ 個人流年 6：家庭與責任之年

你的 6 號個人流年掌管著婚姻、離婚、出生，和死亡、家庭、你的住宅，還有你的寵物。6 號靈數一半魔鬼一半天使的能量也會體現在這年。

6號流年還與教育有關，你可能會發現自己在這年重返校園，或是參加了週末課程和研討會。這是學習新事物的好年頭。這一年你的個人魅力也很強，所以這也可能是充滿浪漫和求愛成功的一年。

你可以在6號流年裡，期待你生命中最好的事和情感上最難接受的事。你可能會在這年結婚，失去所愛的人或寵物。

✻ 個人流年7：發展專長和自我照顧之年

這年就是你發展專長的時候了。專攻你的技能，讓好奇心引導你。這是適合進行靈性探尋或是探索形而上學的一年。同時也是適合自我照顧的一年。一定要為自己騰出時間。

置身於大自然中或是在水邊，會對你的靈魂有奇效。這年也是開始練習冥想或瑜伽的好時機。今年有些時候你可能會有避世隱居的傾向，寧願待在家裡也不願外出。但是，你必須警惕憂鬱情緒。7號流年將會迫使你評估你的人生和感受。

✻ 個人流年8：成就、地位和財富之年

8號個人流年是金錢的「中轉站」。這年一切都有可能發生——你可能會中彩票或者宣布破產。權威人士，無論好壞，都會成為你生活的重心之一。今年也是適合升職或者創業的一年。

8號流年會得到很多回報。這能直接反映出你從1號年到8號年付出的努力。物質收穫、成功、經濟保障和社會地位，都會在此體

現。但需要提醒你的是——靈數 8 也代表全面反轉，所以你很容易發現自己從人生頂峰突然跌至谷底，所獲得的一切都是與之前付出的努力相平衡的。

如果你有新的想法，請立即開始行動吧。等到 9 號流年再開始努力就為時已晚了。這是你在 1 號流年到來前最後一次可以努力去爭取的機會。

在這年要當心將簡單的事情複雜化。保持平衡，保持真誠，你就會創造奇蹟。

✳ 個人流年 9：成功與放手之年

這是將事情圓滿完成並放棄那些不再對你有幫助的事情的一年。你已經站在了 9 年循環的重點，並且即將從你的成長和努力中獲得回報。如果你試圖在 9 號流年開始著手新的工作，比如開啟一項戀情或是新工作，它可能並不會長久。你的勇氣和毅力將受到考驗。有毒的關係會逐漸消失，存在已久的問題也會得到解決。這是進行收尾和療癒的時機。

寬恕在此時會是一項重要的議題。釋懷過去，為你的未來發展騰出空間。當你在接下來的 1 號流年迎接新生活時，不會想要心中還充滿對過去的怨恨的。摒除雜念，騰出心靈空間，用來實現你的遠大理想並且為此制定計畫。

態度問題存在嗎？

你應該體會過有時能和某人達成共識但有時卻不能的感覺。這點主要取決於你的態度數。它決定了你對待人生的態度和你的流年循環週期。如果你想了解與某人是否能和睦相處，請看一下你們的態度數。如果你們的態度數在同一組和諧組合中（見81頁），你們的關係就會有個良好的開端，並且在大多數時候，你們的關係都會處於平衡狀態。

揭示關係中的不和諧之處或是不相容性，最有說服力的方法就是透過壓力數。計算壓力數是在生命靈數中唯一需要用到減法的時候。得出壓力數的方法，就是用較大的態度數減去較小的態度數。例如：

你的態度數是9，而你最好的朋友態度數是6。

9 − 6 = 3

這就意味著你們的態度壓力數是3。

壓力數揭示了你和另一個人的關係進展是如何。

當你了解這個數字時，你可以把你們關係中的挑戰變成優勢。壓力數會告訴你，是否能夠與這個人愉快地旅行或是成功進行合作，以及如何才能讓這段關係繼續發展下去。這適用於任何人際關係、合夥關係、家庭關係，還有工作關係。

如果想要了解戀愛關係中兩人能否和諧相處，你還需要查看我們在第六章探討的靈魂壓力數（見144頁）。

態度壓力數 1：你們需要在關係中保持獨立並欣賞彼此。謹防變得自私或固執。

態度壓力數 2：你們需要對彼此保持耐心，對彼此的需求保持敏感，並且學會妥協。

態度壓力數 3：你們需要分享彼此的有趣經歷，注意彼此的情緒，並且不要講出無法反悔的話。良好的溝通是避免誤會的關鍵。

態度壓力數 4：這段關係可能需要雙方付出努力。你們都要防止自己變得控制欲強烈以及固守己見。這段關係的發展需要彼此向對方展示情感上脆弱的一面、設定良性界線，以及雙方都要有付出精力維持關係的意願。

態度壓力數 5：這可能是一段非傳統的關係，因為你們中之一或是雙方都非常需要自由。你們需要讓這段關係保持新鮮有趣。單調乏味和常規活動會為關係帶來問題。無趣會導致激烈的爭吵。請記得你們需要避免不必要的戲劇性事件。

態度壓力數 6：家庭問題會對這段關係造成影響，會讓對方感覺自己是第二選擇。你們要避免頑固的觀點。你們都必須在這段關係中承擔責任，並且不能記仇。

態度壓力數 7：在這樣的關係中，雙方都需要獨處時間。你們可以花很多時間待在一起卻不說話，只是在各自做自己的事情的同時享受彼此的陪伴。在這段關係中某種靈性根基很重要。

態度壓力數 8：這段關係中可能會存在權力爭奪。為了讓這段關係達到最佳狀態，你們雙方都需要在適當的時候讓對方做主，要為對方提供支持而不是彼此爭吵不休。你們的關係可能會感覺像是生意。錢可能會造成關係中的一些問題。

態度壓力數 0：這段關係像一面鏡子。它能夠發展起來的原因就是你們在同一時期想要的東西是相同的。然而在另一方面，你們的壞習慣也會互相投射回來。這段關係也可能會變成一種孤芳自賞，因為兩人都只會因為他們共同擁有的品格而欣賞對方。你們需要意識到彼此的壞習慣，這樣才會在這段關係中得到真正的成長。

●‧‧ 年 齡 的 振 動 ‧‧ ）

我認為一個人當下的年齡也有著獨特的振動頻率。

計算你的年齡振動數的方法，就是將年齡中的所有數字相加，並將其減少到一位數。

比如說，如果你是 43（4 ＋ 3）＝ 7，那麼你正在經歷 7 號的年齡振動。

之前學到的個人流年循環數能量也可以運用於此。這個年齡振動的能量會成為你個人流年的潛在能力。在你過生日時，你的年齡數也會有所變化，到時候你將需要重新計算它。

當你的年齡振動數是大師數時，你需要特別注意，例如 22、33、44、55、66……等等這樣的數字。在這些年分會發生命中注定的重大事件！

個人流月與循環週期

你的個人流年能夠顯示你所處生命週期的主題，而你的個人流月則是幫你完成人生的人物與功課的輔助能量。個人流月更像是為你的個人流年能量增添了一抹亮色。反過來說，每一個個人流年都會為你的個人流月添加些不同的味道。這兩個數字協調運作，引領你走上靈魂的成長之旅。

※ 我目前的個人流月是什麼？

你的個人流月也在1到9的週期中運作。計算個人流月的方法是：

當前個人流年數＋當前日曆上的月分數

例如，你目前處於 5 號個人流年，現在是七月。七月就是第 7 個月分，因此：

個人流年 5 ＋月分 7 ＝ 12（1 ＋ 2）＝ 3 你的個人流月數是 3。

再比如你目前處於 7 號個人流年，現在是四月，這一年的第 4 個月分：

7 ＋ 4 ＝ 11/2

你當前的個人流月數就是 11/2。

個人流月數的意義

一旦你熟悉了每個月分的意義帶來的獨特工具，你就可以做出相應的規劃。充分利用好當前的能量吧！例如，你在 1 號流月可以制定好你的計畫，在 3 號流月進行社交，進行自我推銷，在 5 號流月出售你的創意，然後在 6 號月定下拜訪家人的計畫。

由於生命靈數中的一切都以 9 為週期運行，而一年中有 12 個月，因此每年有三個月你會體驗到重複的靈數能量。一月、二月和三月的能量與十月、十一月和十二月相同。

暈輪效應會為再次出現的這些靈數提供新的振動頻率。

✷ 個人流月 1

這是一切的開始！你可以開始做新的計畫，並好好利用新月來顯化你的計畫。

✷ 個人流月 2（或大師數 11）

本月的重點將放在人際關係上。要學會合作並有耐心。

✷ 個人流月 3

這個月你將感受到命運的力量。你可以參與社交，開心玩耍，並且需要找到一個能夠發揮你創造力的出口。因為你的情緒將會洶湧高漲。

✳ 個人流月 4

不要拖延！要多關注細節，注意一切你沒做完的事。同時也要時刻關注健康。

✳ 個人流月 5

避免八卦和衝突。迎接改變。這個月你可能會笨手笨腳，容易出事故。

✳ 個人流月 6

美化你的周邊環境。多關注家人與寵物。

✳ 個人流月 7

努力成為你擅長領域的行家。多多進行調查和研究。在這段時間自我關懷非常重要。你可能會有種想要避世隱居的感覺。

✳ 個人流月 8

這個月可能會成為金錢的「中轉站」：你會得到一筆獎金或者意想不到的資金。但要當心——由於意外支出，這筆錢可能很快就會被花掉。

這個月的主題是寬恕、擺脫一些東西、貢獻你的時間和金錢，並隨心做出善舉。接受你的獎賞吧！利用好滿月的能量進行釋放，為下個週期即將迎來的幸事騰出空間。

●·· 十月的魔力 ··）

九月是一年中的第 9 個月，這就意味著這個月的流月數將永遠與你的個人流月數相同。在這個月，你的個人流年和流月的能量都會得到增強。到了十月，你會有種如釋重負的感覺。

要特別注意十月分。這個月是最適合預測接下來即將發生什麼的一個月。它會包含你下一個流年靈數振動的主題。你可以向宇宙發送訊息，透過告訴宇宙你的渴望與你想要召來的事物，來有意識地影響能量。如果你總是難以準時到達地點，可以在十月開始守時，這樣明年你就不會在時間安排上遇到過多困難。如果你想要更多的閱讀時間，在十月開始騰出時間去閱讀，這個習慣就能夠得到堅持。如果你在十月定下基調，宇宙就會幫助你實現在餘下一年中計畫要做的事。請一定留心意外發生的和計畫外的事——比如受傷、機緣巧遇，或者旅行延誤——這些都是明年即將發生事件的線索。

在十月我也會努力避免我再也不想要發生的事件：我不會帶我的狗去看獸醫，我也不會去看牙醫，我甚至不會帶我的車去換機油。除非絕對必要，我這一年都不想要這樣的事再次發生。

用你喜歡的事情填滿整個十月，並設定明確的目標。

這個方法適用於每年十月，也適用於每個人！

●‥ 最 能 兼 容 和 最 不 能 兼 容 的 週 期 ‥）

有些月分和日期的能量在某些年分中會發揮得更好。有些能非常和諧地共同運作，有些則完全相反。例如，如果你當前的流年數是7，月分數是3，這兩個靈數的能量追求的東西完全不同。7號個人流年的能量困難會讓你傾向於避世隱居，然而靈數3的能量則會想要參與社交，這就會導致內心的混亂動盪。靈數7也掌管著你的心智功能和憂鬱情緒；而當其與靈數3的能量相結合時，你可能會獲得一種你從沒擁有過的全新感受。

9號流年的1號流月（一年中會有2次）會在你生命中創造出一種強烈的拉扯感。靈數9的能量想要讓事情收尾，而靈數1充滿進取心的能量則想要開啟新事物。

學習平衡這兩種強大的能量，以及充分利用好它們的振動頻率，是你在這一年獲得滿足感和實現目標的最佳方式。

當你處於流年與流月靈數能量能夠相配的循環時，就會有機會獲得進步和成功。例如，8號流年中的4號月分會讓你的報稅紀錄或文書工作條理分明。靈數4會帶來自然而然注重細節與紀律的能量，而靈數8會幫你開發能夠完成夢想的工具，或者為你的商業和職業發展奠定堅實的基礎。

6 號流年中的 9 號流月能夠讓你有動力完成家庭計畫或裝修。你最終能夠達成目標，並享受你的創造力所帶來的成功。

處於相匹配的週期並不代表你不會在這其中遇到任何問題，但當你的週期能夠協調運轉時，即使遇到困難的情況，你也會覺得更容易駕馭，而且你會擁有更多改變與成長的機會。

個人流日與循環週期

個人流日是你靈數循環的最後一部分。你能夠感受到的日期所帶來的能量會比個人流年和流月的能量都更微弱，但是流日也包含著重要的資訊，它們能夠指導你選出特別的日子，比如何時能夠進行重要談話或者手術、計畫婚禮等活動，或何時能採取某種行動。

理解個人流日的影響最好的方法就是多關注個人時間。例如，你可能會在 8 號流日得到加薪，或者在 11/2 流日或 6 號流日進行美妙的約會。你將了解哪天最適合你，也會了解每天最適合做的事是什麼。

✳ 我目前的個人流日是什麼？

計算個人流日的方法，就是將日期數字加上你的個人流月數（見107頁）。

個人流月數＋日期數

例如，假設現在是3月6日，你在5號個人流年。3月的月分數是3，因此：

個人流年數5＋月分數3＝個人流月數8
個人流月數8＋日期數6＝個人流日數14/5

或者，假設現在是12月15日，而你正處於4號個人流年。12月的月分數是12，因此：

個人流年數4＋12月（1＋2＝3）＝個人流月數7
個人流月數7＋15（1＋5）＝日期數6＝個人流日數13/4

個人流日數的意義

對自己的個人流日有覺察，就能夠讓你看到生活中的微妙之處。你的個人流年和流月也會為每一天增添特殊的意義。

✴ 個人流日數1

這是充滿好主意的一天，也是適合開始新事物的一天。把注意力放在自己身上，但不要自私或固執。這是需要你果斷、有野心並採取自信行動的好時機。

✳ 個人流日數 2

要有耐心並關注細節。好好處理人際關係與合作關係。這是你的情緒比較平和的一天。你會感到非常敏感，直覺力強，並且可能會做一些逼真的夢。

✳ 個人流日數 3

發揮你的創造力，與朋友共度時光，多多交流溝通。接受你收到的一切邀請。學會感恩。避免把一切都當作理所當然。這會是幸運的一天！

✳ 個人流日數 4

讓生活變得有井井有條。關注健康。防止自己變得固執、侷促或控制欲強。不要拖延、注意細節，這樣你就會更加接近你的目標。遵守規則，不然就準備好承擔後果。

✳ 個人流日數 5

這天適合做出改變，建立人際關係，或是行銷自己。謹防衝動行事。集中精力。為改變做好準備；這一天可能事情不會完全按照計畫來進行。

✳ 個人流日數 6

關注你的家人、寵物和住宅。可以美化一些東西。要留心你自己的強硬意見。專注在家庭事務上，並發揮出你滋養人心的能量。你也可以去見你的諮商師、做個髮型，或者學習一些新東西。

✳ 個人流日數 7

這一天適合安靜獨處。好好休息，對生活進行再次評估。可以去做些戶外活動，靠近水邊，或者花些時間讀書。你這時可能想要深居簡出。這天的首要任務是自我照顧。

✳ 個人流日數 8

處理好金錢問題，提出加薪要求，收取債務，付帳單，掌管自己的生活。請注意不要重複之前犯過的錯誤或是學到的教訓。為生活負責才能取得進步，得到成功。業力因果在今天會得到平衡。你可能會質疑權威任務。

✳ 個人流日數 9

將事情收尾。學會釋放和原諒。可以隨心做出善舉。把不需要的東西送給別人。結束專案，完成細節部分。

整體分析

不管你對這些循環是否有所覺察，你的生活都正在以不同的格局展開，它能夠幫助你在個人成長之路上不斷前進。

既然你已經學到了 9 年循環的主題和模式，你就可以自行打開機會之窗，並避免不必要的混亂情形。

為自己制定年度計畫並不複雜。設下提醒，寫在日曆上，在手機上做筆記，最終這一切都會習慣成自然。在做出重大決定或改變之前，先查閱你的個人流年數、流月數和流日數，你就會擁有更清晰的視野，更加專注和安心。

這一切真的都藏在數字中！而且還有更多訊息有待揭曉……

揭祕靈數圖表和箭頭

現在我們即將學習繪製靈數圖表的有趣方法，並探索這些圖表能夠揭示的一個人的內在本質。具體來講，我會教你如何繪製生日圖表和姓名圖表，以及如何解讀這些圖表中的「箭頭」，從而加深你的靈數指示。這些網格起源於算術占卜這個神奇領域。「算術占卜」（Arithmancy）一詞來源於希臘文「arithmos」，意思是「數字」，還有「manteia」，意思是「占卜」。算術占卜就是一項透過數字進行占卜的研究。

你可能還記得《哈利波特》中的妙麗・格蘭傑曾上過算術占卜課。在我們的世界中，生命靈數和算術占卜師密切相關。它們並不是只有巫師才能學的東西！你只需要準備好紙和筆就好。

繪製你的生日圖表

生日圖表結合了算術占卜方面的計算，能夠揭示重要的性格優勢和陰暗面。生日圖表也常常被稱爲業力生命靈數、畢達哥拉斯之箭、能量線、洛書或者九宮圖（中國算術占卜），還有畢達哥拉斯之線。算術占卜表格是獨立於畢達哥拉斯學說之外發展的，但也使用了 1 到 9 的數字系統。就我個人而言，我認爲關於這些圖表的解讀非常廣泛，但它們可以爲你的靈數解讀帶來全新的理解。

繪製你的生日圖表方法是，首先繪製一個三行三列能夠容納數字 1 到 9 的正方形網格，如下例所示。然後在其中只填寫你出生日期的數字。和之前我們學過的其他計算方法不同，在生日圖表中，數字不需減至一位。直接使用月分上的兩位數、日期上的兩位數，和年分上的四位數。將所有的 1 都填寫在圖表的左下角方格中，5 填寫在中間的方格中，以此類推，直到你在圖表上填寫完你的完整出生日期。如果有 0，就都寫在圖表外的底部。

3	6	9
2	5	8
1	4	7

你可以練習一下繪製表格的方法。讓我們看幾個示例圖表：

貓王 Elvis Presley

生日：1935年1月8日（01 08 1935）

3		9
	5	8
11		

00

Stevie Nicks

生日：1948年5月26日（05 26 1948）

	6	9
2	5	8
1	4	

0

Lady Gaga

生日：1986年3月28日（03 28 1986）

3	6	9
2		88
1		

0

生日圖表中的空白處代表了你的業力功課（見 80 頁）。對照你的圖表找出空白方格，就可以根據這些空白格代表數字的意義來理解你的業力課程。你將一次又一次地遭遇類似的困境和挑戰，直到你從功課中學到教訓爲止。

生日圖表底部的 0 代表了來自此人前世的未解決的業債。圖表中的 0 越多，他的業債也就越多。如果你不想把這些業債繼續帶到下一世，就必須在這輩子把它們還清。

生日圖表的意義

生日圖表中數字的意義與生命靈數中數字的經典含義非常相似，但有一點細微的差別。圖表的整體含義是透過數字的位置來揭示的——透過它們所在的行、列，還有對角線。圖表中完整的水平線代表了精神、情感與身體的力量。缺失的數字體現了特定方面的弱點。

生日圖表中的數字代表了：

1 – 自我、身分、足智多謀、領導力

2 – 兩面性、敏感性、不平衡、意識思維

3 – 創造力、魄力、主動性、行動力、服務精神

4 – 實用性、本能、邏輯思維、物質主義

5 – 靈活性、寬容、適應性、學習意願、五種感官

6 – 想像力、幻想、原創想法

7 – 邊界、事件、對物質的依賴、靈性

8 – 潛意識、平衡、物質轉換

9– 無私、浪漫、智慧、慷慨、藝術才能

✳ **第一行：心理層面數字3、6和9**

這一行代表了才智、思維、想法、創造力、創新、想像力和分析能力。圖表中有這一行的數字意味著你有很好的判斷力。如果你在這一行中缺少數字，可能會表現出推理能力比較薄弱的特點，而且可能不是非常有活力。

✳ **第二行：靈魂或情感層面數字2、5和8**

這一行的數字代表了敏感度、情緒和靈性。如果你的圖表中有這行的所有數字，你在情緒上能夠達到平衡，有藝術天賦，並且直覺力強。如果你這行中缺少數字，你可能會表現出一定程度上的情緒混亂，並且過於敏感。

✳ **第三行：身體層面數字1、4和7**

圖表中擁有底部這層的所有數字就表示健康的身體、較好的體力，和良好的身體靈巧性。如果缺少這行中的全部或部分數字，就可能會造成不夠靈巧和笨拙的特點。

生日圖表中的箭頭

生日圖表中的數字可能會排列成八種不同的線型數字組合：三條水平線、三條垂直線和兩條對角線。它們被稱作「優勢箭頭」。擁有任何一套完整的數字線會有點像擁有超能力。這些數字線代表特定領域與生俱來的或是遺傳得來的力量和額外技能或天賦。當你面臨緊張狀況或是困難情形時，可以利用這些天賦，它們會幫助你順利過關。

圖表中還有八種可能出現的空白行，它們由缺失的數字組成：三條水平線、三條垂直線、還有兩條對角線。它們被稱作「弱點箭頭」。這些箭頭會爲人生的特定領域帶來挑戰。如果你的圖表中有缺少一條完整的數字線，你可能需要付出更多努力來平衡性格中的某些方面。空白數字線所帶來的課題也帶來了成長和靈魂進步的機會。

　　你的圖表中可能沒有任何完全完整或是完全缺失的數字線。這樣沒關係。如果沒有任何空白行，你人生的課程也將會沒那麼顯著也沒那麼激烈。

　　將所有的數字箭頭放在一起解讀，就能得到關於你人生的整個故事。讓我們一起來看看吧。

　　圖表中一共有 16 個可能出現的數字箭頭，每個圖表至少會有兩個空白方格。

✳ 決心箭頭：1-5-9

有決心、有毅力、意志力、動力或克服逆境的能力。

✳ 放棄箭頭：缺少 1-5-9

缺乏動力、優柔寡斷、容易害羞、冷漠和投降。

（在 1889 到 1999 年之間出生的人不會有這個弱點箭頭。）

3	6	
2		
		7

✳ 靈性箭頭：3-5-7

有同情心，有靈性，有信念，堅定的信仰，以及不外露的直覺力。

3		
2	5	
		7

✳ 懷疑箭頭：缺少 3-5-7

缺乏靈性，對情緒缺少覺察、有疑心。

	6	9
2		8
11	4	

✳ 才智箭頭：3-6-9

智慧、邏輯、非凡的記憶力、研究員、問題解決達人。

3	6	9
1		7

✳ 健忘箭頭：缺少 3-6-9

容易忘事、注意力不集中、缺乏同情心、冷漠、逃避責任。

（出生於 1889 年到 1999 年之間的人不會有這個弱點箭頭。）

22		8
1	4	

✳ 情緒平衡箭頭：2-5-8

誇張的情緒、具有同理心、情感需求高、嚴肅。

	6	
2	5	8
1		

敏感、感到自卑、易受恐嚇、渴望被療癒。

	66	9
1		7

＊ **實用性箭頭：1-4-7**

音樂、創造力、手工完成的工作、財務責任。

	6	9
2		
1	4	7

＊ **不切實際箭頭：缺少 1-4-7**

做夢、不切實際、過度消費、健康問題。

（1000 年到 1999 年之間出生的人沒有這個弱點箭頭。我們會在 2000 年後出生的人的圖表中看到這個不切實際箭頭。）

	6	99
2		

＊ 規劃大師箭頭：1-2-3

善於組織、遵守紀律、有技巧、有成就。

3		99
2	5	
1		

＊ 混亂箭頭：缺乏 1-2-3

混亂、缺乏組織能力、缺乏擔當、誤解。

（這個弱點箭頭直到 4000 年才會再次出現。）

	6	99
	4	

＊ 意志力箭頭：4-5-6

有決心、有意志力、專注、有毅力、堅定。

	6	9
	5	
1	4	

✳ 受挫箭頭：缺乏 4-5-6

充滿失望、優柔寡斷、抗拒改變、努力工作、充滿挑戰和阻礙。

3	↑	99
2		8
1		

✳ 行動力箭頭：7-8-9

有耐力（既是心理也是體力），有能量，行動活躍。

	6	9
		8
11		7

✳ 猶豫箭頭：缺乏 7-8-9

拖延、懶惰、缺乏信念、混亂。

（出生於1667到1999年之間的人沒有這個弱點箭頭。）

3		↑
2	55	
1		

你可以從生日圖表中推導出許多種意義和組合。將其用於你的生命靈數解讀中，你能更好地了解自己和他人！

繪製你的姓名圖表

姓名圖表包含了比生日圖表中更豐富的訊息。繪製你姓名圖表的方法是，首先在一張紙上用字母拼寫出你的全名，並在每個字母下方標注出它所代表的靈數（字母及其靈數見57頁）。

現在將這些數字填寫進一個三行三列的表格中，就像繪製生日圖表時那樣。請注意姓名圖表中不包含對於大師數的解讀。

例圖如下所示：

E	L	V	I	S		A	A	R	O	N		P	R	E	S	L	E	Y
5	3	4	9	1		1	1	9	6	5		7	9	5	1	3	5	7

現在將姓名所代表的數字填寫進一個三行三列的表格中，就像繪製生日圖表時那樣。

貓王（Elvis）的姓名圖表如下所示：

33	6	999
	5555	
1111	4	77

姓名圖表的意義

在姓名圖表中你首先注意到的會是空白方格。這些空白格意味著業力功課（見 80 頁），它們來自於你姓名中沒有體現出的數字。貓王的圖表中顯示了 2 號功課和 8 號功課。

關於姓名圖表，你會學到的第二件事就是「強度數字」。強度數字就是在你的姓名圖表中重複次數最多的數字，它揭示了你會有的比別人更強烈的性格特質。例如，在貓王的圖表中出現了四個 1 和四個 5。

讓我們來解讀姓名圖表中的每個數字吧。

＊ 強度數字 1

平均而言，人們的名字中會有一到三個 1。如果是這樣的話，你會非常堅定自信並有動力。如果有四個以上的 1，人們會認為你是堅強和獨立的人，並且會從人群中脫穎而出。

擁有六個以上 1 的人，性格會被過度強化，導致變得好鬥、好勝、固執、專橫，並且可能容易頭疼。

如果你的姓名圖表中沒有 1，你會顯得缺乏自信和不夠獨立。

✳ 強度數字2

人們的姓名圖表中平均會出現一個2。這會讓你變得體貼、樂於助人，並對他人敏感。如果你有兩個以上的2，你也會顯得圓滑並細緻，有很好的節奏感和時機感，並且有種讓人們聚集在一起的能力。圖表中的2越多，你就會越敏感。

如果你的圖表中缺少2，你就會顯得缺乏耐心且思慮不周。

✳ 強度數字3

如果你的圖表中有一個或兩個3，你就能夠表達自己的思想和感受，並且有獲得樂趣的能力。超過三個3意味著你會自我誇耀，有藝術才能，有語言天賦，而且會有點散漫。你可能難以保持專注。

如果你的圖表中缺少3，你會在交流和表達自己時遇到困難。

✳ 強度數字4

姓名圖表中擁有和平均值相同的兩個4，會讓你變得實際並擁有看透事情的能力。有三到五個4會為你帶來獨特的技能，使你能夠構建具有持久影響和價值的事物。擁有超過五個4則會過度強化這種性格特點，會讓你變得控制慾強、侷促緊張、固執且工作狂。

如果你的圖表中缺少4，你將很難在生活中保持井井有條，做事也難以有始有終。集中注意力對你來說很困難。

✳ 強度數字 5

這是一個姓名圖表中常見的數字。平均每人的姓名中會出現五個 5，這會使人足智多謀且適應性強。圖表中有更多 5 則會讓這個數字的能量增強，讓你變得誇張做作且容易上癮，你會很難完成任務。

如果你的圖表中沒有 5 或只有一個 5，你的適應能力則不會太強，你會討厭變化和人群，這可能會讓你有封閉獨處的傾向。

✳ 強度數字 6

如果你的圖表中有一到兩個 6，你能夠毫不費力地承擔起家庭事務的責任，並能在生活中找到平衡。有三到四個 6 就意味著你有著強硬的意見和善於主導的性格，而且你的要求也很高。有五個以上的 6，這種性格特質就會被過度加強。你可能會承擔過多責任。你也可能會發現自己經常被視作理所當然或是被利用。

如果你的圖表中缺少 6，你就會缺乏責任感，變得理想主義，還會有不切實際的期望。

✳ 強度數字 7

平均每人的姓名圖表中會有一個 7，這會讓你天生有好奇心和直覺力。兩個以上的 7 就會增強這個數字的能量，它意味著你不喜歡表達自己的情感，有著技術頭腦，神祕且注重隱私。

姓名圖表中缺少 7 十分常見。它會讓你思想開明而不是多疑或偏執。這也意味著你可能行事衝動，並且生活中缺乏靈性。

姓名圖表中平均會出現一個 8，這意味著你非常能幹並且能夠在必要時掌管大局。有兩個以上的 8 會讓你對金錢有更好的理解，但也會讓金錢在你生活中擁有過多的力量。

如果圖表中缺少 8，你可能會不計後果地使用你的資源，而你的人生功課也會體現在金錢和權力的領域。

圖表中有兩到三個 9，這個數字的能量就會表現得比較強烈，並會為你帶來理解力、天生的創造力和充滿慈善的生活方式。如果你的圖表中只有一個 9，你可能無法意識到別人的感受。

圖表中缺少 9 會讓你顯得自我為中心。你會在關於寬容和無私奉獻的人生功課上受到考驗。

姓名圖表中的箭頭

解讀你姓名圖表中的箭頭時，需要將你的姓氏、名字，還有中間名分別繪製在不同的表格中。它們需要在不同的表格中分別解讀。箭頭的含義保持不變（見 121 頁）。不論你使用最多的名字是哪個，比如是你不加姓氏的名字，總之那個名字使用次數越多，其圖表上的箭頭就越在你性格中占主導。你也可以用同樣的方式繪製暱稱和工作用名的圖表。

示例如下：

E L V I S	A A R O N	P R E S L E Y
5 3 4 9 1	1 1 9 6 5	7 9 5 1 3 5 7

3		9
	5	
1		4

	6	9
	5	
1		

3		9
	5	
1		7

正如大家所看到的一樣，圖表上出現了特定的模式。貓王的三個名字中都有1-5-9的箭頭，也就代表了三個強有力的決心箭頭。

所有的靈數圖表

這些靈數圖表揭示的訊息，能夠為你靈數資料中的五個核心靈數作補充。

網格和圖表非常有趣，因爲它們能夠幫助你揭示生活中的模式。例如，你可能會注意到你會被一些圖表中與你父親有相同的箭頭的人所吸引，或者你朋友圈中的所有人都有著相似靈數箭頭。

　　當你對某些人（比如同事）了解有限時，靈數圖表就變得特別有用。即使不知道他們的出生日期和出生證明上的姓名，你也可以根據他們的姓氏和名字繪製出靈數圖表。

　　如果你還想要繼續深入了解生命靈數，還有許多更複雜的靈數公式能進一步地擴展你對自己的優勢與人生中的挑戰的了解。

　　下一章中，我們將會把你學到的所有新知識結合在一起，並運用它們來探索人與人能否和諧相處、解讀寵物的生命靈數等等！

6

整合分析：
為你預測未來，
探索人際關係適合程度
和親密關係

現在是時候將你的靈數知識整合在一起，來解讀你的未來和你的人際關係了。你做的靈數解讀越多，你探索的圖表就會越獨特，你的解讀也就會越準確、越有把握。當生命靈數得到可靠解讀時，會為你帶來對別人和對未來更有意義的見解。

雖然一個數字本身也能夠為你提供一些關於某人性格的訊息，但它非常有限，並且可能會導致你做出錯誤的假設。如果情況允許的話，你必須更加深入地探索，並且要始終把五個核心靈數放在一起解讀。這五個核心靈數是你的：

生命歷程數（見30頁）

靈魂數（見67頁）

人格數（見70頁）

命運數（見54頁）

生日數字（見22頁）

這些靈數是一切靈數解讀的基礎。經過前幾章的學習，所有這些數字應該都已經寫在你的靈數核心資料中了。循環週期、態度數和成熟數也會提供重要的補充訊息，來完善所有的靈數資料。

從何看起

當把核心靈數放在一起解讀時，你要做的第一件事，就是識別出一切模式和對立之處。這裡有一個簡短的清單會對此有所幫助：

- 注意重複的數字。在核心資料中任何出現超過一次的數字，都會為你帶來雙倍的強烈能量，它甚至可能會蓋過整個靈數解讀。所以在得出結論之前，一定要花時間考慮整個圖表。

- 識別互相衝突的數字，因為它們可能會帶來身分認同危機。當重要的核心靈數互相矛盾時，它們就不會表現得像你想像中那樣強烈

了。如果某個人的生命歷程數是 2，人格數是 1，命運數是 1，而靈魂數是 9，對於這些靈數的解讀就會變得很複雜。這時就由你來巧妙地解讀這些靈數的矛盾，並最終提取出你所解讀的人的本性。

●注意被解讀者的整體感覺。如果你解讀的人正活在他們的陰暗面，他們可能會缺乏自我覺察，意識不到他們真正是什麼樣的人，這時的靈數解讀可能無法引起他們的共鳴。他們以自我為中心，正依附於他們想要投射出（並保護）的形象上。

　　我們需要始終將解讀他人靈魂的經歷視作榮幸。這是一種對直覺的練習，也是一種學習機會，因為它幾乎永遠都包含著對你也適用的訊息。

從你自己開始

　　了解自己是決定你是否能為別人成功解讀生命靈數的關鍵點。自我覺察是一種像其他技能一樣需要培養的意識。

　　如果你不能著眼於自己的所有方面，包括你的陰暗面，就會錯過你的人生功課和療癒自己的方法。如果你發現為自己解讀靈數圖表時只挑選了好的方面，那麼為別人解讀生命靈數之前，你首先要做的事是提升自己。

　　只有當你真正了解自己時，才能夠完全理解生命靈數能揭示的奧秘。你必須首先攬鏡自照，之後才能將其運用於別人。這會為你的靈數解讀帶來更多敏感性、同理心、同情心，還有直覺力。當你開始為

別人解讀他們的陰暗面時，要更加小心謹慎。並且你要始終願為別人
提供解決方法或個人成長的途徑。

生命靈數最有益的領域之一就是家庭關係，因為家庭成員的關係
常常會變得緊張和複雜。家庭成員之間通常有著根深蒂固的相處模
式。而且，這是我們最親近的關係，而最親近的關係常常最能反射自
身。家庭中的模式能夠揭示自我相處的模式與習慣。通常，關注不好
的方面會比關注好的方面更加容易。但請記住，你們曾經選擇彼此作
為家庭成員而共同轉世。

例如，如果你母親的生命歷程數是 6，而你的生日數字是 6，那
麼你們每次對話都會有著強硬的觀點。你可能會注意到她說話很絕
對，將觀點視為事實。但你是否也會這樣做呢？一旦你注意到了這
點，你就能夠調整自己的語言，並且對論點進行調整以減少攻擊性。

家庭成員之間可能會有漫長激烈的爭鬥和被遺忘已久的醜事。療
癒家庭創傷的關鍵，就是帶著同情心和理解力來處理這些關係，即使
這些創傷已經在幾代人身上存在。一旦你掌握了大局，你就能夠更成
功地駕馭這些關係、相處模式和習慣。

＊ 工作與職業生涯

你的職業是生命靈數能夠發揮其益處的又一個領域。如果我早在
企業上班時期就能意識到生命靈數這發人深省的力量，我本可以避免
很多傷心事。

對於你自己來說，你可以發現自己的內在能力，創造一條能帶來滿足感和成功的職業道路。你將了解能夠與你高效共事的人的類型、你能信任的人的類型，以及如何克服職場中的人際關係困境，如何應對職場中難相處的性格。

如果你之後能夠得到同事的生命靈數資訊，你就可以運用它們來組建一支勢不可當的團隊，將人們安置在能發揮他們天賦的職位上，並在開啟新的專案時制定合適的週期。

生命歷程數和生日數字會讓你對某個人和他的天賦有全面的了解。命運數和人格數則特別體現在職業方面。在職場中，你需要對這些靈數多加注意。

※ 靈性成長

引導和發展你的靈性是人生體驗的一部分，而這可能是一種個人化且有價值的經歷。

許多人在很小的時候就對某一種宗教有了些了解。隨著你的成長，探索其他靈性道路，從而發現能夠真正與你靈魂產生共鳴的方向是很重要的。

一開始你可能不確定在你的宗教信仰中，是否存在像生命靈數、占星學和塔羅占卜這樣的形而上學的實踐；有些人可能會認為這些做法是邪惡的。但是宗教和形而上學是可以共存的，它們能夠共同加深世界上的靈性體驗，而不是抑制其發展。其實，在像《聖經》這樣的靈性書籍中有許多引用生命靈數的地方。

你的靈魂數（見 67 頁），或祕密自我，是你破譯自己的靈性信仰和實踐的關鍵。你的 7 號個人流年或是 7 號個人流月是接觸與探索自己靈性層面的絕佳時機。當你這樣做的過程中，請始終遵循他人的靈性發展和宗教習俗。

朋友

朋友關係往往會成為我們最重要和最複雜的人際關係之一，並且也會成為我們最好的老師。友情能教我們學會信任、分享經歷、運用同理心、妥協、給予和接受。友誼會為你帶來極多的愛和尊重——友情是純粹經由你自己選擇的關係。然而悲哀的是，它們也教給我們關於背叛、權利、古怪、小氣、流言，和金錢問題的經歷。

友情也有很多不同類型。對於那些情感上建立了真情連結的友誼——也就是這些你會認為是「最好的朋友」的人——你可以看看存在於你們靈魂數之間的壓力數，就像探索戀愛關係那樣。（我們接下來會講到這點，在第 143 頁。）

如果是面對你和你職場朋友的友誼，就要用不同的方法來對待了。查看你們生命歷程數、生日數字和命運數之間的壓力數會更有啟發性。

壓力數能夠揭示友情繼續發展所需要的條件，以及克服分歧所需要的工具。

在我個人經歷中，我發現與具有相似靈數資料的人的友誼都會以

非常相似的方式結束。你一定聽說過這樣一句話：「人們走入你的人生，因爲某個原因、陪你度過一個季節，或是影響你的一生。」在你學到了需要學習的功課之前，你會繼續吸引同樣的人。

戀愛關係與另一半

你可以透過許多數字上的方式連結到你的伴侶。有些配偶會比其他配偶更值得擁有，更和諧。

如果你追求的是一種真心的、感情充沛的、有靈魂感的戀愛關係，你就要確保你的生命歷程數和靈魂數能夠與對方匹配。

核心靈數中的五個數字，至少有三個要在同一和諧靈數組合中（見 81 頁）。在理想情況下，你們需要有至少一個相同的靈數，但它不一定是同一個類別的靈數。

如果你們的生命歷程數和靈魂數相同，或者生日數字相同，或者靈魂數相同，這就是非常神奇的事情了！這意味著你們相似且相處和諧，但會在重要的方面考驗彼此。例如，假設一個人的生命歷程數是 9，靈魂數是 6，而他的伴侶生命歷程數是 6，靈魂數是 9。那麼 9 號生命歷程數能夠讓靈魂數 6 的理想主義能量沉澱下來。靈魂數 6 會爲生命歷程數 9 提供一個能夠展現出情緒脆弱的一面，並療癒舊傷疤的安全環境。他們會覺得對方很搞笑，並且欣賞彼此的幽默感。如果你們有著相似的靈數資料，有著相同的靈數，你們會發現能夠很容易愛上對方身上自己也有的那些品格。然而，這些關係往往會變得有害且充滿競爭性，因爲總會有其中一人認爲自己更勝一籌。

✳ 靈魂壓力數

關係能夠和諧與成功的另一個標誌，就是靈魂數之間的壓力點。計算你與另一個人靈魂壓力數的方法，就是用較大的靈魂數減去較小的靈魂數。如果你的靈魂數是 9，你的約會對象靈魂數是 6，你們的壓力數就是 3。這些數字詮釋了你們之間潛在的相容性，並且能揭示解決衝突的最佳方法。要注意的是靈魂壓力數能夠影響所有的親近關係（比如父母和孩子），而不僅僅是戀愛關係。

靈魂壓力數 1： 這段關係需要雙方的獨立才能成功進行。在這段關係之外，你還需要自己的朋友和愛好。能夠尊重彼此對不在一起時間的需求，你們在一起時才會更好。請注意關係中的自私傾向和權力爭奪。你們必須都覺得你們有同等的權力或掌控力。平衡好雙方的權利，你們的目標是支持雙方，而不是同彼此競爭。

靈魂壓力數 2： 你們會組成很好的團隊，但你們必須確保雙方都不會因為過多妥協而變得心存怨恨。你們都非常敏感，並且能意識到對方的需求和願望。這樣的能量不適合爭吵，所以請盡可能地減少衝突。儘管你們不會有太多爭執，這段關係卻能給人力量，並會帶來情感上的放縱。

靈魂壓力數 3： 開放、誠實的交流是這段關係能持續下去的關鍵。祕密和隱瞞會破壞這段關係。你們要努力對對方的情緒保持敏感性。不要用過去做過的事或說過的話來針對對方。一定要認可你的伴侶為你所做的一切，並表示

144　　　　　　　　　　　　　　　　　　　　牛命靈數新手指南

感激。這樣的伴侶在派對上會很有趣。他們總是帶來歡聲笑語。

靈魂壓力數 4： 這段關係中可能會有很多規矩。你們之間需要有合適的界線，雙方都要努力學會變通。這段關係會讓人覺得像是一份生意，需要你們用心付出。你們可以試著偶爾享受一些一時興起的樂趣。朝著共同的目標一起努力，對你們來說能夠帶來巨大的滿足感。

靈魂壓力數 5： 這是一段獨特的關係，你們雙方可能擁有非常不同的興趣、愛好，或是經歷。頻繁不斷的變動會是這段關係的主題。你們需要經常與對方溝通，以保證你們在期望和自由度方面意見統一。要避免為了滿足你們對興奮的共同需求而煽動的「假故事」。這段關係的完好建立在對雙方邊界的尊重和對雙方的信任之上。請記住你們之間的「安全暗號」。

靈魂壓力數 6： 完美主義和對伴侶理想化或不切實際的期望，會導致這段關係出現大問題。你們雙方都會在承擔責任方面遇到困難，你們要避免自以為是。你們可能會發現家人插手干涉你們的關係。請一定要記得退後一步，溝通你們的問題，因為未消化的情緒會損害這段關係。

靈魂壓力數 7： 靈性基礎對這段關係的進展來說很重要。你們需要始終努力謀求深入的、尊重雙方的、有意義的對話。這段關係中不存在流言蜚語和雞毛蒜皮的小事。你們需

要重視獨處時間，並且盡力避免過度分析關係中的每一件小事。謹防嫉妒心。

靈魂壓力數 8：你們必須始終保持對彼此最大的尊重，否則這可能變成一種充滿競爭性的「針鋒相對」的關係。你們會面臨權力爭奪，如果不妥善處理，可能會破壞這段關係。如果你們能夠幫助和支持彼此，就能夠避免許多瑣碎的爭鬥，否則關於金錢、權力和控制力的問題會不斷重演。金錢和物質成就會成為這段關係的重點。

靈魂壓力數 0：當你們兩人的數字相同時，你們就會處於一種「全部擁有或一無所有」的關係中。0，或者說零，會放大一切，所以關係中會充滿各種戲劇性事件，或是完全平平淡淡。這段關係有很大潛力成為充滿活力的、親密的、心靈相通並且能帶來成長的關係。訣竅就是保持留心，注意了解對方的需求。

明白壓力數之後，可以查看你們的成熟數（見 83 頁）。這些資訊能夠讓你一窺你們的關係在接下來的生活中會是怎樣。超過四十歲的伴侶離婚，通常可能是因為一方或雙方的成熟數有了大的改變。如果你正在尋找晚年結婚對象或夥伴關係，請仔細注意這個數字。

第一次見的人

既然你已經打開了生命靈數的潘朵拉魔盒，就再也沒有回頭路了。你會在所有的人際交流中都用到生命靈數！

當認識新朋友時，首先要注意態度數（第一印象）和人格數（外在自我）。這些能讓你對某個人的性格有一個淺層的認識，通常能夠揭示他們的形象，但無法顯示他們真正的動機或個性。最終，你會發現你能夠根據外表來猜測人們的靈數。3號人有著美麗的笑容，並且通常會有明顯的紋身；4號人通常戴眼鏡，有著實用的短髮；8號人經常會穿名牌。

接下來，可以查看他們的生命歷程數。一旦你們之間開展了有意義的互動，他們就難以隱藏這些資訊。了解某人全貌的唯一方法，就是查看他們核心資料中的五個數字，而這可能會需要一些時間。

在得出完整圖表之前，請小心下結論。始終牢記重複的數字和衝突數字帶來的影響。除了查看他們的核心靈數之外，請你也要仔細聆聽自己的直覺。

寵物靈數

生命靈數不僅僅能用在人身上！你可以將生命靈數像使用在你自己身上一樣應用在寵物的身上。它能揭示牠們獨特的個性，以及你會與牠經歷或從牠身上學到的東西。

即使你毛茸茸的家人是從庇護所被你救出來的，並且不知道牠們的出生日期和名字，那也沒關係！你給牠們起的名字會帶有最重要的振動頻率。如果你確實有牠的出生日期，則可以構建出完整的靈數資料。但如果沒有的話，請從牠們的名字中盡量獲取資訊——在此之後，你會驚訝於你對你寵物的了解增加了如此之多。

以下是對寵物靈數的簡短介紹：

寵物靈數1：這是一隻獨立的動物，可能會是「獨生子」（或者希望成為獨生子）。這樣的寵物保護意識很強，當被賦予某些職責時表現最好，比如看守任務。

寵物靈數2：這隻動物非常有愛，喜愛陪伴，不喜歡被丟下獨自待著。牠們對紀律很敏感，對牠們所處環境有直覺力。因此，牠們可能也會有強烈的焦慮症狀。

寵物靈數3：這樣的寵物喜歡交際，喜愛惡作劇。牠們需要大量的關注，且有種與生俱來的幽默感。3號寵物會一直讓你開心，並能提醒你不要對任何事情都較真。

寵物靈數4：這是一位忠誠而聽話的夥伴，牠們會遵守規則。牠們一切都會按照常規來行動。

寵物靈數5：一定要為牠找個柵欄！這樣的寵物擁有想要探索一切的冒險精神。牠們很容易感到無聊，這會使得牠們搞破壞，且容易出事故。牠需要很多額外的刺激，可能會過於喜愛食物和零嘴。

寵物靈數6：這樣的寵物非常惹人喜愛，有愛心，會照顧任何可能需要關懷的家庭成員。6號寵物可能會很喜歡「盛裝打扮」，並願意和你一起去任何地方，牠們很喜歡被帶在身邊。

寵物靈數7： 這是一隻有靈性的寵物。你可能認為你的寵物真的「能看到去世的人」，牠們會對著什麼也沒有的地方狂吠或喵喵叫。這樣的寵物比較喜歡獨處，可能會患憂鬱症。

寵物靈數8： 這樣的動物喜歡掌管一切。牠們學習任何事情都要經過一番艱苦努力。你可能還會發現這是一隻讓你花很多錢的寵物，因為可能需要經常去看獸醫、吃藥，或者出現行為問題，或者有著巨大的胃口。

寵物靈數9： 這是一隻很棒的有保護意識的寵物。牠們身上有著老靈魂的能量，並且你會感到你們能夠在一個不同的更深層次上互相連結。

讓我們看一些知名寵物的靈數吧。

	1			9	5	靈魂數 6（母音）
L	A	S	S	I	E	人格數 5（子音）
3		1	1			命運數 11 / 2（全名）

　　萊西是一位忠誠的家庭成員，牠需要冒險經歷，並且擁有首屈一指的直覺。牠敏感而有愛，牠為幫助人類付出的努力，會給牠帶來回報。

	1			9	5			靈魂數 6（母音）
G	A	R	F	I	E	L	D	人格數 11 / 2（子音）
7		9	6			3	4	命運數 8（全名）

　　加菲是一位熱愛家庭生活的家人，牠聰明且有直覺，擁有強大的力量，而且是一隻費錢的寵物，不管是獸醫帳單的花費、食物的花費，還是破壞性行為！

　　請注意你為寵物起的暱稱。牠們也會隨著成長變得符合這些暱稱的振動！

理解振動，發揮直覺

　　使用生命靈數時，你會變得更加協調和敏銳。你會對周圍的振動更加敏感並有覺知。起初你可能想要展示和誇耀你不斷發展的天賦。

一定要抑制這種行為，因為你的全新能力在得到自然顯露之前，最好不要公之於眾。不要把你的靈數天賦視作理所當然。你要學會如何負責任地發展它們。每個人的直覺都是獨一無二的。有些人可能會用另一個名字來稱呼它，比如預感、神來之筆、蜘蛛人的感覺、靈感、靈光一現、本能，或是追隨自己的內心。直覺是一種實用的靈性智慧，每個人如果嘗試的話都可以使用。

培養你的直覺時，你可能也需要練習冥想，因為它能夠緩和你內在的情緒衝動，這些衝動可能會影響你的判斷並阻礙你的力量。正念冥想可以幫助你簡單地觀察你的想法和感受，幫你控制情緒或是以自我為中心的衝動，這樣的衝動可能會影響你的判斷並被誤認為直覺。

不同的數字會與你產生不同的共鳴。有些總會使你「豁然開朗」，而有些會使你難以理解和認同。請記住，數字沒有好壞之分，你自己的靈數核心資料並不會優於別人。每個人都有獨特的優勢和劣勢。當你用新培養的直覺來駕馭各種情況和互動時，你並不需要宣布你的體驗和發現。就讓它靜靜地引導你，你也要保持開放的心態。

數字是你的老師，而靈魂成長是你的終極目標。你需要處處留心，吸取教訓，並不斷進步。

7

塔羅、占星，
和水晶連結

除了生命靈數，還有其他形而上的科學能夠引導你
走上你的人生之路並加深你的直覺。
將生命靈數、占星術和塔羅結合，會得到一種神奇
的體驗。這些做法能夠和諧地共同運作並相互補充，
提供更進一步的見解。我發現它們很少相互矛盾。

雖然我並不是專業的占星師或塔羅師，但我對兩者都有所研究，並密切地關注星星、行星，尤其是月亮的運轉。我使用塔羅牌來得出清晰的見解，有時也用其來證實靈數解讀的結果。同時我也是經過認證的水晶療癒師，我喜歡將水晶的作用融入我的解讀中。

生命靈數能夠為你的占星解讀或塔羅解讀帶來更多的理解。透過生命靈數，塔羅牌上的數字會瞬間對你產生更大的意義，你也會開始將數字的含義應用於占星術中的宮位、行星的度數等等。

結合使用這些做法，它們就能夠相互強化並且加深你的力量。

它們有助於填補彼此的空白，並能帶來神聖的交流，為我們提供了解自己、與他人互動、建立集體意識，和利用宇宙智慧的新工具。

支持其他的靈性技術也很重要：我常常見到許多解讀師會把生命靈數結合進他們的解讀之中，但卻很少見到他們提及生命靈數是他們進一步解讀結果的來源。如果你曾經被有直覺力的人詢問過生日，其實他們是在利用生命靈數的影響力！現在你就了解這一切了。

●ᐧᐧ 我的星座是什麼 ？ ᐧᐧ 》

當我們在本章中提到十二星座時，你可以回頭參考這張便利圖表。

牡羊座	3月21日 –4月20日	♈
金牛座	4月21日 –5月20日	♉
雙子座	5月21日 –6月21日	♊
巨蟹座	6月22日 –7月22日	♋
獅子座	7月23日 –8月23日	♌
處女座	8月24日 –9月23日	♍
天秤座	9月24日 –10月23日	♎
天蠍座	10月24日 –11月22日	♏
射手座	11月23日 –12月21日	♐
摩羯座	12月22日 –1月20日	♑
水瓶座	1月21日 –2月18日	♒
雙魚座	2月19日 –3月20日	♓

占星與生命靈數

占星術和生命靈數有許多共同點。兩者都基於你的出生日期，都能夠揭示和解讀你的靈魂契約，並且兩者都揭示了重要的主題、性格特質和潛在的人生功課。

結合生命靈數和占星術的9個生命歷程數和12星座，會有108種可能出現的獨特性格類型。

我不會在這裡講解所有星座的特點。這些內容在其他書中會有──這樣的書有很多！有時，人生道路數會和星座很好地相結合。例如，如果你是生命歷程數為4的金牛座，你的性格就不喜歡太多驚奇事件。你會非常有條理，守規矩，盡職盡責。如果你是擁有生命歷程數1的獅子座，你會大膽而自信。

當一個人的星座和靈數沒有明顯的相容性時，情況會變得更有趣（也更複雜）。在這種情況下，自我覺知會非常重要：星座和靈數可能會使彼此更穩定踏實，也可能會使彼此能量更激烈。

如果你選擇同時學習占星和生命靈數，那麼當你為他人解讀時，將這兩種強大的力量相結合的做法會成為你的第二天性。

✳ 研究行星的運作

我們知道在占星學中，有些行星事件會在特定的時間發生。例如，水星每年逆行三到四次。這是掌管溝通、技術和旅行的星球。當

它逆行時，就是故地重遊、反思，和複習那些生活中需要調整的事物的好時機。

　　任何關於「重新做」的事情都適合在水星逆行期間完成。這樣，當水星逆行時，你就可以重新構建你的水逆體驗，而不是只能恐懼擔憂。要對它發生的時間有所了解，並且利用這段時間來休息、調整、反思、重新評估、回顧、重組，還有重新啟動。

　　再進一步探索，你可以把你的個人流月（見 107 頁）應用於這個具有挑戰性的週期，從而獲得關於你應該把精力集中在哪裡，以及如何優雅地渡過逆行期的引導。例如，如果你在水星逆行期間正處於 8 號個人流月，你可能會想要為某事再次融資或是退還貨物（在此期間避免購物，你之後很可能會後悔買了這個東西）。

　　如果水星逆行在你的 6 號個人流月，這就是與老朋友重新聯繫、與家人和解，或是重溫一段過去關係的好時機。

　　另一個例子是你的土星回歸年。土星是一個關於業力和教訓的星球，繞太陽一周大概需要29.5年。

　　當土星回到你出生時所在的星座時，你將經歷持續兩年半到三年的土星回歸。這是一段關於變化、艱難成長，以及重大事件開始與結束的時期。將你的土星回歸年與你的個人流年相結合，會幫助你更順利地度過這段棘手的時期。這往往是發生重大變化的時期。

　　這種同步知識的運用是無止境的。還可以將其運用到你的星盤、占星宮位上等等。

將占星術與生命靈數相融合的最簡單的方法之一，是將其運用於月亮週期上。

新月最適合用來顯化你的目標，並將你的願望和夢想變成現實。滿月是釋放和原諒的時候。當你把個人流年和流月運用在月亮週期時，就可以有意識地利用月亮給我們帶來的特殊機會。例如，如果你在新月這一天正處於關於新開始的 1 號個人流年，那麼你的顯化能力將會達到巔峰，這是製作願景板和設定目標的最佳時機。在你 4 號個人流月或流年的新月時期，你可以專注於顯化健康的身體或是變得更有條理。在 6 號能量中，專注在你的家庭或住宅事物上，而在 8 號週期中則可關注你的事業或財務。宇宙的自然共識性是非常強大的。

同樣，當你處於 9 號個人流月時，滿月則是釋放、原諒和放手的最佳時機。為什麼要浪費那樣的自然能量呢？利用好我們身邊正在運作的宇宙力量非常重要。

塔羅與生命靈數

掌握了基礎生命靈數之後再來運用塔羅牌，會幫助你更輕鬆地了解牌卡並將其應用在生活中。其實，許多塔羅老師都建議將這種方法作為快速揭示牌卡基本知識的根據。

解讀塔羅牌需要積極主動、運用直覺，和奉獻精神。牌卡上的數字和牌卡圖案的象徵意義，就像葡萄酒和奶酪一樣共同發揮作用，相互補充。

抽塔羅牌時，你可以關注數字模式，比如重複的數字（1、1、1），遞增的數字（1、2、3）和遞減的數字（9、8、7）。這些數字為每張牌卡增加了意義，並且增加了對牌卡組合的解讀。

✳ 大阿爾克那牌

塔羅牌中的大阿爾克那牌有 22 張。我們瞬間就能知道，22 這樣一個大師數，是這組牌的基礎。在塔羅牌中，每張牌卡上都有一個數字，這些數字能直接對應到生命靈數中的根數能量。

請特別注意標注有業債數的塔羅牌，也就是 13/4，14/5，16/7 和19/1。這些牌卡都談及了轉變和克服：

- 第 13 張牌，死神，轉變和重生，預示著更好的事情即將到來，比如克服關於懶惰或拖延的業力。

- 第 14 張牌，節制，帶有過度放縱的能量，代表了 14/5 業債數揭示的成癮品格。自律和節制是這裡需要學習的功課。

- 第 16 張牌，高塔，代表了興盛與衰亡，並且給人重建並更好更強地回歸的希望。

- 第 19 張牌，太陽，代表了喜悅和希望，並且當它減至一位時——（1＋9）＝10——表明了對所吸取教訓的認識，及對從頭開始的承諾。

當大阿爾克那牌上的數字與生命靈數相結合時，就被注入了神聖的智慧。

✳ 小阿爾克那牌

小阿爾克那有 56 張牌（5 ＋ 6 ＝ 11），又是一個大師數，代表啟發和直覺。

小阿爾克那中的數字融合了角色和特點。

● 金幣（錢幣）：財務、努力、豐盛、物質問題。
● 聖杯：感受、情緒、通靈能力。
● 寶劍：交流、才智、過度活躍的頭腦。
● 權杖：成長、新想法、發展。

解讀牌卡時，可以將每個元素的獨特力量與牌卡所示數字的靈數意義結合起來。

例如，在生命靈數中，8 與財務和權威有關。所以金幣 8 清楚地預測了事業上的成功以及從技能中獲利。牌卡上的圖案顯示的也是一個努力工作的人。

我們也知道 5 的能量與混亂有關。因此權杖 5 描繪了混亂和難以完成某件事的情況。

1 號牌或者 Ace 牌，在四種元素中都代表開始。有許多書籍在探索很多人所說的「占星生命靈數」和「塔羅與生命靈數」。每個系統都略有不同，有自己的獨特之處，也會經常互相矛盾。你可以探索這些不同的方法，運用你的直覺，找出哪種組合才最適合你。

水晶連結與生命靈數

對玄學感興趣但又不喜歡水晶礦石的人，就像水晶變石一樣罕見！

2017 年，我獲得了認證水晶療癒師資格（CCH），並將其加入了我的玄學工具箱中。這使我能讓客戶採用可以幫助他們應對各種情緒上、精神和物質上挑戰的水晶。水晶能夠成為強大的工具。

感知水晶的能量時，請在左手手掌中握著水晶。能量從身體左側進入，從右側排出。

在這樣做時，有些人會感到熱或冷，有些會感到脈動或是刺痛。有些石頭會給人非常沉重或是踏實的印象，有些則是水汪汪的、情緒豐富的。你可能會有非常微妙的感受或是極度強大的感覺。

如果你無法在振動上感知水晶能量，你也可以與它們的顏色做連結。當你看到這塊石頭時，它給你什麼樣的感覺？出現了什麼樣的情緒？你可以在外表上與它的色調、瑕疵、閃光、彩虹，以及其中的內含物進行連結，從而感受它們的振動。

振動頻率最高且大多數人最容易感覺到的石頭是捷克隕石、透石膏和次石墨。

以下是我常用的基於生命靈數的水晶處方：

水晶或石頭	最能獲益的靈數	情緒療癒
紫水晶	所有靈數	有保護作用，能夠打破負面的連結，成為能量吸塵器，清潔和療癒空間與房間，打開第三眼。
粉晶	2、6	像是靈魂的泡泡浴，能夠與你的內心相連結，吸引戀愛關係，提升喜悅感，促進情感療癒。
纏絲瑪瑙	2、7	改善精神自律，緩解焦慮，增加樂觀並提升自信，增強幸福感。
紅玉髓	3、8	激發行動力、勇氣、自信、創造力和動力，使目標明確，能讓人踏實。
紫黃晶	3、5、4、8	化解負面情緒，提供保護，幫助打破習慣和脫癮，幫助克服恐懼和拖延，還有助於減重。
磷灰石	1、6、2	激發歡樂情緒，消解恐懼、焦慮、憤怒和懷疑；有助於對人和事物放手；幫助減重。
古銅輝石	所有靈數	有助於提升平和、和諧的氛圍、寬恕和同情；帶來靈性保護且讓人踏實；將負面能量轉化並將其還給發出能量的人，使他們得以從中學習。適合與碧璽或黑曜石搭配。
黃水晶	4、8	吸引財富、健康、幸福與成功；增強自信和權能；激發顯化能力，與積極肯定宣言一起使用尤其有效。

水晶或石頭	最能獲益的靈數	情緒療癒
賽黃晶	2、6	可以用作能量階梯，舒緩情緒，釋放擔憂和壓力，促進與指導靈和天使的交流，有助於消除誤解，促進耐心和內心的平靜。
透輝石	4、6、7、9	提高創造力、分析能力、邏輯和學習能力；提供情感支持；能夠增強自信；舒緩肌肉痠痛。
帝王拓帕石	1、3、7、9	將願望與動力相結合，促進學習能力和記住訊息的能力，建立自信心和自愛心。
橄欖石	1、8	吸引豐盛、健康和財富；帶來希望、遠見、成功；在新計畫開始時很有幫助。
鋰雲母	1、5、6、9	「友誼石」，緩解壓力、情緒波動、自我批評、成癮性和憂慮。
方柱石	4、9	打破拖延習慣；促進成就、動力、自律、意志力，且幫助克服自我破壞情緒；釋放業力、情緒包袱和恐懼；帶來改變和進展。
透石膏	所有靈數	突破阻礙；增強健康和幸福感，將左腦和右腦相結合。這個石頭可以幫助淨化其他水晶和石頭的能量。

水晶能夠與你的靈數新知識自然契合。

探索它們迷人的閃光和天然的魔力，會成為一項非常有收穫——而且美容養顏的——冒險。

●‥ 負離子 ‥）

「負面」的東西對你有好處這件事聽起來有悖常理，但負離子正是這種情況。這些有益的離子存在於乾淨的空氣中——想想大自然、山脈、海洋和瀑布。負離子能夠增加血清素、緩解憂鬱、減少壓力、激發能量、促進深度睡眠，還有許多其他對健康的好處。

透石膏水晶和喜馬拉雅鹽能夠釋放負離子。我會推薦在家裡放一盞喜馬拉雅鹽燈（在網路上很容易找到），最好放在靠近電子設備或電腦附近的地方來減輕電磁場。（一定要讓寵物離它遠一些，因為如果寵物攝入會引起問題。）

透石膏也有淨化作用。我用它來淨化從塔羅牌和水晶到珠寶和錢幣等所有東西。你可以每兩個月到三個月在陽光下為這些石頭充電，來增強它們的能量。絕對不要弄濕它們。

你的玄學工具箱

對玄學的世界了解越多，你就越能發展出自己獨特的解釋，以融入你的解讀和見解。

下面這張有用的圖表說明了星座、塔羅牌、水晶和顏色，與生命靈數中數字1到9和大師數的關聯。

例如，6的能量全部都是關於愛，金星是關於愛的星球，6在塔羅中代表的是六號戀人牌和15號惡魔牌（因為第二章中討論過的6號人的一半天使一半惡魔的品質），以及小阿爾克那牌中的6號牌，即如下所示：

錢幣6：分享財富（6號人以同情心和慷慨而著稱）。

寶劍6：把悲傷拋在腦後（6號人並不缺少情感包袱）。

聖杯6：代表朋友、家人、童年和家鄉。

權杖6：接受成功，或朋友和家人的到來。

在占星中，我們能在具有共同性格特質的許多星座中發現6的能量。例如，天秤座和6號人都非常理想主義並重視和諧，而處女座和6號人則都是完美主義。

✧ 靈數 1

掌管星：	太陽
占星中等同於：	獅子座、牡羊座
水晶：	紅寶石、石榴石
顏色：	紅色、橘紅色、酒紅色、鮮紅色、金色
塔羅代表：	1 號牌魔術師和小阿爾克那中的所有 1 號牌、10 號牌命運之輪、19 號牌太陽

✧ 靈數 2 和 11

掌管星：	月亮
占星中等同於：	天秤座、巨蟹座
水晶：	月光石、石英水晶
顏色：	橘黃色、桃紅色、金色
塔羅代表：	2 號牌女祭司、小阿爾克那中的所有 2 號牌、11 號牌正義、20 號牌審判

✧ 靈數 3

掌管星：	木星
占星中等同於：	射手座、雙魚座、獅子座
水晶：	綠松石、天河石、拓帕石
顏色：	黃色、金色、檸檬黃
塔羅代表：	3 號牌皇后、小阿爾克那中的所有 3 號牌、12 號牌倒吊人、21 號牌世界

◇ 靈數 4 和 22

掌管星： 土星

占星中等同於： 金牛座、處女座、摩羯座

水晶： 玉、祖母綠

顏色： 各種綠色

塔羅代表： 4號皇帝牌、小阿爾克那中的所有4號牌、13號
死神牌

◇ 靈數 5

掌管星： 水星、天王星

占星中等同於： 雙子座、水瓶座、射手座

水晶： 海藍寶石、綠松石、螢石

顏色： 青綠色、深淺不一的藍綠色

塔羅代表： 5號牌教皇、小阿爾克那中的所有5號牌、14號
牌節制

◇ 靈數 6 和 33

掌管星： 金星

占星中等同於： 金牛座、天秤座、巨蟹座、處女座

水晶： 藍寶石、青金石、粉水晶

顏色： 寶藍色、靛藍色

塔羅代表： 6號牌戀人、小阿爾克那中的所有6號牌、15號
惡魔牌

◇ **靈數7**

掌管星：	海王星
占星中等同於：	雙魚座、天蠍座
水晶：	紫水晶、亞歷山大變色石
顏色：	紫色、紫羅蘭色
塔羅代表：	7號牌戰車、小阿爾克那中的所有7號牌、16號高塔牌

◇ **靈數8**

掌管星：	土星
占星中等同於：	摩羯座、獅子座、天秤座
水晶：	黃水晶、東菱石、黃鐵礦
顏色：	玫瑰紅、粉紅色
塔羅代表：	8號牌力量、小阿爾克那中的所有8號牌、17號牌星星

◇ **靈數9**

掌管星：	火星
占星中等同於：	天蠍座、摩羯座、水瓶座
水晶：	蛋白石、煙水晶
顏色：	白色、黑色、珍珠白
塔羅代表：	9號牌隱者、小阿爾克那中的所有9號牌、18號牌月亮

既然你已經把你的玄學工具箱裝滿了，就讓我們來看看數字是如何出現在你的日常生活中，以及你能如何運用生命靈數新知識吧。

生命靈數的日常使用

既然你現在已經初步踏進了生命靈數知識的海洋，我會鼓勵你不斷探索、學習和閱讀。持續的好奇心對你的成功非常重要。除了閱讀這本書之外，能得到專業的靈數解讀也是種感人且值得的體驗。你將能夠對於你靈數檔案中的某些方面提出問題並得到解釋。在你閱讀、研究和觀察時，可以將你的發現、生日和姓名圖表，以及各種經歷都記錄在日記或者數據表中。隨著時間的推移，你會形成自己獨特的風格。

數字無處不在

地址、電話號碼、車牌、收據、帳號——這些都包含著數字能量。你可以探索和考察任何引起你好奇心的數字！（正如你可能已經知道的那樣，生命靈數很快會讓人癡迷。）

當你開始更多關注隱藏在角色、對話和情節中的線索時，電影、電視劇和書籍會擁有完全不同的意義。虛構房屋的地址、場景中筆記上潦草的數字，以及你之前可能會忽略的其他數字，將為故事增添更多細節。我常常希望真人秀節目能透露參與者的出生日期！

新聞也始終會讓我進入谷歌的兔子洞中出不來。我常常會發現自己在尋找嫌疑犯的出生日期、好萊塢著名夫婦的紀念日、選舉日期或新皇室寶寶的生日。除了這些事情本身很有趣之外，它們還是靈數學習的寶庫。

為了練習靈數學習並保持興趣，請在旅行時尋找數字：你在火車或飛機上的座位號、你的航班號、你的巴士路線號，以及你的酒店房間號，都能夠預示你在旅途中的體驗。

在考慮承包商、醫生或求職者時，生命靈數也能派上用場，你可以在招聘決策、專案、你的健康計畫等很多領域中運用你的新知識。你也可以為某些角色尋找其靈數屬性，例如 1（天然具有療癒作用的手）對應按摩療癒師，4（熱愛系統並遵守規則）對應你的會計師，或者 6（規則，教育和學習）對應教師。

我會鼓勵你們留心觀察各處的數字，但也要知道生命靈數可能會成為一種偏執。請始終利用生命靈數來為你的生活作補充，並為你提供神聖洞察和指引。

●·· 我不斷看到這些數字！ ··）

既然宇宙了解了你在靈數語言方面不斷變得流利，它就會用一種獨特的方式與你談話。能否意識到且理解這些發送給你的訊息，完全靠你自己。請注意一些預兆！ 11:11是在邀請你穿過靈性之門；數字訊息在讓你行動起來。

以下是對人們注意到的一些常見的數字模式，以及它們含義的基本解讀：

111	開始，是時候採取行動了
222	和諧、關係、合作、耐心
333	溝通、創造力、情緒
444	天使數字，來自本源能量的神聖支持
555	改變、轉變、變換、旅行
777	靈性、調查、專長、自我照顧
10:10	「新的」11:11；零或者0放大了1的能量，代表持續的靈性覺醒和直覺的發展
11:11	通往靈性啟蒙、增強直覺的通道
12:34	進步、提升

每當你看到自己的生日數字時，就意味著你的道路是正確的，看不見的力量正在幫助你。看到朋友或親人的生日，可能意味著他們需要你的幫助或支持。如果你看到了已故親友的生日，這就意味著他們正在為你提供指導，或讓你知道他們與你同在。

注意這些標誌和訊息，能夠幫助你避免受到來自靈性世界的當頭一棒。如果你忽略了宇宙想要告訴你的訊息，那麼這樣的訊息就會變得更明顯。最終，它們會變成折磨人的教訓，讓你不得不修正方向。對微妙的訊息或警示採取行動，比等待強迫你做出改變的痛苦事件要好很多。

為他人解讀靈數

當你開始為別人解讀靈數時，無論是為你的家人、朋友，還是客戶，你都要瀏覽他們靈數核心資料中的五個數字，並且還有一些重要的事情需要你牢記在心。

一定要從生命歷程數開始，並向對方解釋為什麼這是他們資料中最重要的靈數。然後轉向討論靈魂數，揭示他們內心想要的是什麼：這是他們私密的、更親密的一面，只有非常親近的人才能看到。透過解釋靈魂壓力數來談及與人的相容性（見144頁）。

然後再從那個話題，談到人格數、命運數和生日數字。這些都會對職業生涯和謀生方式產生深遠的影響。討論這些靈數能量賦予他們的特殊天賦、才能和能力。

接下來討論態度數，要解釋這是產生對人第一印象和判斷的根據。最後來到成熟數，它根據人的年齡增長而變得更有意義。

在你解讀靈數時，要特別注意每個數字的位置和影響，如果圖表中有重複的數字，要討論這些數字的強烈程度。重複的數字能夠極大地改變你所傳遞出資訊的含義。

也要解讀業力功課和業償，且要提供有關如何習得業力功課並償還業債給宇宙銀行的簡單引導。這是在賦予他們解決此生業力的工具。

在最後以講解個人流年、流月和流日的循環和時間來結束解讀，讓他們意識到可能會遇到的機會、可能性和挑戰。

＊ 保持敏感和尊重

為他人解讀靈數也伴隨著巨大的責任。想想看通常什麼樣的人會想要靈數解讀——一般來講，人們會在絕望的時候或在重要的人生岔路口尋求幫助。他們正在尋求靈性世界的引導。在這樣的時機為人們提供指引是一種榮幸和特權。

客戶、朋友和家人可能會根據你提供的資訊和見解做下重要決定。正因為如此，你必須對說出的話多加小心，並且不要把你的個人感受、評判或意見投射進解讀中。請記住，你只是傳播數字帶來訊息的渠道。

保持正向。避免爲你的客戶或朋友創造自我實現的預言。例如，如果你在圖表中發現了離婚的標記，不要爲對方宣判一旦親密關係變得困難就馬上放棄的預言（總有解讀的餘地：這也是喪偶或是年輕時就失去父母的標記）。相反，解釋爲他們可能會在戀愛方面經歷一些嚴酷的教訓。你永遠都猜不到靈數將如何在另一個人的生命中發揮作用。正如總能啟發人心的馬雅‧安傑洛所說，「語言就是事實，我深信不疑。你們也一定要小心。」你無法消除已經說出的話的力量。爲你的解讀帶來善良、同理心和同情心，這些特徵將成爲你作爲解讀者的最大優點。

如果你選擇將你的新知識作爲派對遊戲來展示，也請尊重科學。你要確保準確無誤並且頭腦清醒（數學和酒精通常無法和諧共處）。許多直覺強的人都認爲，如果這種天賦被濫用或是以錯誤的方式使用，他們的能力就會下降甚至被封鎖。

有些客戶會相信聽到的所有事，有些客戶則不易輕信。這始終和自由意志有關，並且只有當人們準備好的時候，才能開始療癒自己。

這點我再怎麼強調都不爲過：讓你的能量踏實下來。你不會想要承擔別人的問題或是吸收他們的有毒能量，所以請設定界線。有許多有效的技術和水晶能提供保護作用。你可以持續研究，尋找出適合自己的方法。

引用生命靈數大師 Hanz Decoz 的一句話，「生命靈數是一項艱巨但回報豐厚的專業領域。」用生命靈數來激勵別人、啟發別人、提升別人、提供見解，並且始終講真話，這樣你的解讀會非常棒！

你的直覺會隨著你的覺知和信心的不斷發展而進步。理解並發展直覺是非常私人的事，而且每個人的情況都不一樣。在我的生命靈數職業生涯早期，就被教導了「blah」的概念——基本上就是說，當你收到了非常強烈的訊息，你未加思索脫口而出或是「blah」（意思是「帶來愛與療癒」）而出。這種現象使我與客戶建立了許多最有意義和最真誠的關係。我想到了幾個故事，但我只分享一個：

那個難以擺脫的訊息，以「藍色格子襯衫，藍色格子襯衫」的形式出現在我腦海中。我試圖消解它，但它持續不停，就像來自宇宙的訊息一樣。最終，我問了客戶這個形象的意義。她沒有立即回答，所以我就繼續我的解讀。在我們在一起的時間即將結束時，她的表情快活了起來，跑到她的卡車上拿東西給我看，是一個關於她岳父的紀念節目。其中有一張他穿著藍色格子襯衫的照片。

當我想到這一切對她是多麼激動人心時，我仍然覺得不寒而慄。

在善良、誠實和省略訊息之間找到平衡是非常重要的。你需要保持自省，對一切保密，並且帶著同情心和愛，靠直覺做出解讀。

是否向人們展示出你的新能力都取決於你自己。當人們發覺你可以透露一些他們寧願保密的東西時，他們會怪異地對他們的生日遮遮掩掩（甚至提供不準確的資訊）。有了經驗之後，當這種情況發生時

你可能就會意識到。永遠不要強迫別人與你分享他們的靈數。始終對學習保持開放態度，尊重界線，並且保持開放的心態。

最終他們會在讀過這本書後，理解你所學到的是什麼：也就是生命能夠更輕鬆，做決定和把握時機能變得沒那麼令人困惑，人際關係會更和諧，更多的機會也能透過生命靈數而得以把握。

擁抱宇宙的魔力吧。我常常說，如果每個人的生活中都運用一點生命靈數，世界會變成一個更加神奇、更加善解人意，也更有同情心的地方。

恭喜你獲得了新的智慧。

A Beginner's Guide to Numerology
by Joy Woodward
Copyright © 2019 by Rockridge Press, Emeryville, California
All illustrations used under license from iStock.com
First Published in English by Rockridge Press, an imprint of Callisto Media, Inc.
All rights reserved
Chinese complex translation copyright © Maple House Cultural Publishing, 2021
Published by arrangement with Callisto Media Inc
through LEE's Literary Agency

生命靈數新手指南

出　　　版／楓樹林出版事業有限公司
地　　　址／新北市板橋區信義路163巷3號10樓
郵 政 劃 撥／19907596　楓書坊文化出版社
網　　　址／www.maplebook.com.tw
電　　　話／02-2957-6096
傳　　　真／02-2957-6435
作　　　者／喬伊・伍德沃德
譯　　　者／張笑晨
企 劃 編 輯／陳依萱
校　　　對／許瀞云
港 澳 經 銷／泛華發行代理有限公司
定　　　價／380元
初 版 日 期／2021年12月

國家圖書館出版品預行編目資料

生命靈數新手指南 / 喬伊・伍德沃德作；
張笑晨翻譯. -- 初版. -- 新北市：楓樹林出
版事業有限公司, 2021.12　　面；　公分

ISBN 978-986-5572-69-3（平裝）

1. 占卜　2. 數字

292.9　　　　　　　　　　110016875